Friedrich Cauer

Hat Aristoteles die Schrift vom Staate der Athener geschrieben

Ihr Ursprung und ihr Wert für die ältere athenische Geschichte

Friedrich Cauer

Hat Aristoteles die Schrift vom Staate der Athener geschrieben
Ihr Ursprung und ihr Wert für die ältere athenische Geschichte

ISBN/EAN: 9783743455900

Hergestellt in Europa, USA, Kanada, Australien, Japan

Cover: Foto ©ninafisch / pixelio.de

Manufactured and distributed by brebook publishing software (www.brebook.com)

Friedrich Cauer

Hat Aristoteles die Schrift vom Staate der Athener geschrieben

HAT

ARISTOTELES

DIE

SCHRIFT

VOM

STAATE DER ATHENER

GESCHRIEBEN?

IHR URSPRUNG UND IHR WERT FÜR DIE
ÄLTERE ATHENISCHE GESCHICHTE.

VON

FRIEDRICH CAUER
PRIVATDOZENTEN DER ALTEN GESCHICHTE IN TÜBINGEN.

STUTTGART
G. J. GÖSCHEN'SCHE VERLAGSHANDLUNG
1891.

I.

„Die ganze Einleitung ist nur das erste Wort über einen Gegenstand, über den das letzte Wort für lange Zeit nicht gesprochen werden kann. Das ganze Werk eröffnet in jeder Richtung Möglichkeiten der Diskussion und regt Fragen an, welche nur durch eine Uebereinstimmung der Meinungen erledigt werden können, wenn sie von Gelehrten aller Länder geprüft und erwogen sind." Mit diesen Sätzen bezeichnet der englische Herausgeber treffend die Lage, in welche die Wissenschaft durch seine wertvolle Publikation versetzt ist. Das Verdienst dessen, der das erste Wort gesprochen hat, wird um nichts geschmälert, auch wenn das eine oder andere der folgenden Worte von diesem wesentlich verschieden lautet.

Dass die von ihm veröffentlichte Schrift dieselbe ist, die im Altertume als Schrift des Aristoteles vom Staate der Athener gelesen und citiert wurde, hat Kenyon durch einen Vergleich mit den bisher bekannten Fragmenten unwiderleglich dargethan. Eine andere Frage ist, ob die „aristotelische" Ἀθηναίων πολιτεία, ob überhaupt die „aristotelischen" Politieen wirklich von dem Gründer der peripatetischen Schule verfasst sind. Dem Umstande, dass die Politieen in verschiedenen Verzeichnissen aristotelischer Schriften aufgeführt werden, wird von niemanden Gewicht beigelegt.

Denn diese Verzeichnisse enthalten in grosser Zahl die
Titel von Schriften, welche unmöglich von Aristoteles verfasst sein können. Noch hinfälliger ist, was die Aristotelesbiographen über die Studien erzählen, die Aristoteles als
Begleiter von Alexander auf dessen Marsche durch Asien
für seine Bücher über Staatengeschichte gemacht haben
sollte. Aber auch, dass Cicero (de fin. V, 4) und Plutarch
(Moral. S. 1093c) die Politieen als aristotelisch citieren,
selbst dass Timaeus, der als Knabe noch ein Zeitgenosse
des alternden Aristoteles gewesen ist, ihn für Angaben verantwortlich macht (Fr. 70 fg.), die nur in den Politieen enthalten gewesen sein können, ist nicht entscheidend; denn
sogleich nach dem Tode des Aristoteles hat man begonnen,
ihm Schriften beizulegen, die von seinen Schülern und
Freunden verfasst waren.

Trotzdem war die überwiegende Mehrzahl der Philologen darüber einig, dass die Politieen, welche unter dem
Namen des Aristoteles citiert wurden, wirklich ein Werk
des grossen Philosophen gewesen seien. Nur Valentin Rose
vertrat die Ansicht, dies Werk sei in der peripatetischen
Schule erst nach dem Tode des Meisters entstanden. Und
so lange eine solche Autorität sich mit der herrschenden
Meinung in Widerspruch befand, musste man die Frage als
eine offene bezeichnen. Der einzige, der es auch nur ernstlich versucht hat, Rose zu widerlegen, war Heitz. Und
auch wer Roses Ansicht nicht teilt, wird zugeben müssen,
dass die Gründe, mit denen er die Echtheit bekämpft, sehr
viel mehr Gewicht haben als alles, was Heitz für die Echtheit vorbringt.

Wenn die Frage, ob die „aristotelischen" Politieen
wirklich von Aristoteles verfasst waren, aus den Fragmenten, welche spätere Schriftsteller erhalten haben, sich
nicht mit völliger Sicherheit entscheiden liess, so lag es
nahe, diese Frage von neuem in Angriff zu nehmen, seit

eine der Politieen annähernd vollständig vorlag und der Untersuchung eine breitere Grundlage bot. Es ist daher merkwürdig, dass alle, die sich über die neugefundene Schrift bisher geäussert haben, die Frage nach dem Verfasser entweder gar nicht oder in einer Weise aufwerfen, als ob sie von vornherein im Sinne der herrschenden Ansicht entschieden sei.

Dass niemand auch nur an die Möglichkeit zu denken scheint, die Schrift könne vielleicht einen anderen Verfasser haben als Aristoteles, ist um so auffallender, als von berufenen Seiten mehrere Eigentümlichkeiten hervorgehoben sind, welche wohl geeignet wären, Zweifel anzuregen. So hat Blass bemerkt (Litterarisches Centralblatt Nr. 10), „dass die Komposition der Worte im allgemeinen nach isokratischem Muster ist, ohne störende Hiate und sogar mit isokratischen Rhythmen". An den bisher bekannten Schriften des Aristoteles liessen sich solche Vorzüge des Stiles nicht beobachten; erklärt doch Diels ausdrücklich (Deutsche Litteraturzeitung Nr. 7) es für eine wohlthuende Überraschung, dass Aristoteles „so schön abgerundet, so wohl disponiert, so vornehm schlicht in einer hypomnematischen Schrift geschrieben hat". Nach dem Urteil eines hervorragenden Kenners entspricht also der Stil der vorliegenden Schrift nicht der Vorstellung, die man sich bisher von der stilistischen Beschaffenheit der Klasse aristotelischer Schriften machte, zu welcher die Politieen gerechnet wurden. Nun ist es ja gewiss möglich, dass Aristoteles in verlorenen Schriften auch von streng gelehrtem Charakter einen glatteren und mehr abgerundeten Stil geschrieben hat als in den erhaltenen. Durch Zeugnisse des Altertumes steht fest, dass es vermeintlich oder wirklich aristotelische Schriften gab, die sich durch einen fliessenden und farbenreichen Stil auszeichneten. Wenn wir sicher wüssten, dass die neugefundene Schrift von Aristoteles verfasst ist, so würden wir uns freuen, den Philosophen von dieser nicht erwarteten Seite kennen zu lernen. Aber so lange kein zwingender Beweis erbracht ist, dass Aristoteles die Politieen geschrieben hat, bleibt immerhin der Zweifel lebendig, ob nicht die stilistischen Vorzüge der Ἀθηναίων πολιτεία einfach daraus zu erklären sind, dass sie einen anderen Verfasser hat als Aristoteles.

Zudem giebt auch der Inhalt der in London publizierten Schrift zu Bedenken Anlass, die der Herausgeber selbst hervorgehoben hat. S. 9 fg. wird eingehend eine Verfassung dargestellt, die Drakon in Athen eingeführt haben soll. Dem widerspricht die Angabe der aristotelischen Politik (II S. 1274 b 15 fg.), dass Drakon die Verfassung nicht verändert, vielmehr seine Gesetze auf Grund der bestehenden Verfassung gegeben hat. S. 21,2 wird ein eigentümlicher aus Wahl und Los kombinierter Modus der Beamtenwahlen beschrieben, den Solon eingeführt haben soll. In der Politik lesen wir (II S. 1273 b 40 fg.), dass in der solonischen Verfassung die Beamten vom Volke gewählt wurden. Kenyon hält diese Widersprüche gegen Angaben der aristotelischen Politik für unerheblich, weil beide Angaben in einem Kapitel stehen, dessen Echtheit er bestreitet. Man muss anerkennen, dass lange bevor die Ἀθηναίων πολιτεία entdeckt wurde, Gelehrte aufgetreten sind, welche das Schlusskapitel des zweiten Buches der aristotelischen Politik für gefälscht erklärten. Wenn der aristotelische Ursprung der Ἀθηναίων πολιτεία feststünde, würde jenes Kapitel als interpoliert erwiesen sein. Da wir so weit noch nicht sind, ergiebt sich jedoch die Frage, ob nicht die Ἀθηναίων πολιτεία unecht und das Kapitel der Politik, welchem Angaben der Ἀθηναίων πολιτεία widersprechen, echt sein kann.

Die Einhelligkeit, mit der dieser Zweifel ausgeschlossen wird, scheint vor allem durch die Daten, welche der Herausgeber über die Abfassungszeit ermittelt hat, beeinflusst zu sein. Kenyon weist nach (S. XVI fg. der Einleitung), dass die Schrift weder lange vor noch lange nach dem Tode des Aristoteles verfasst sein kann. Darauf baut z. B. Adolf Bauer (Feuilleton der Münchener Neuesten Nachrichten Nr. 97) folgende Argumentation: „Die späteste der darin erwähnten Thatsachen konnte Aristoteles noch kennen. Die erste entscheidende Verfassungsänderung in Athen, die nach Aristoteles Tode stattgefunden hat, wird in der Schrift nicht erwähnt; es ist daher die Angabe der Alten, dass dies Werk wirklich von Aristoteles selbst herrührt, durch die Schrift selbst in ihrer Richtigkeit aufs glänzendste bestätigt." Man braucht einen Gedanken, gegen den bisher noch niemand Widerspruch erhoben hat, nur mit diesen Worten seines eifrigsten Vertreters auszusprechen, um zu sehen, wie wenig er haltbar ist. Wenn Kenyon nachweist, dass Aristoteles die von ihm herausgegebene Schrift verfasst haben kann, so geht daraus keineswegs hervor, dass Aristoteles diese Schrift verfasst haben muss.

Immerhin wäre es verständlich, dass der von Kenyon ermittelte Thatbestand einen starken, das Urteil zunächst beirrenden Eindruck machte, wenn wir durch ihn etwas wesentlich Neues erführen. Aber die vollständige Schrift vom Staate der Athener ergiebt über die Abfassungszeit nichts, was nicht bereits Rose auf Grund der Fragmente festgestellt und in genau entgegengesetztem Sinne wie Bauer und die Genossen seiner Ansicht verwertet hat. Schon Rose (Aristoteles pseudepigraphus S. 398) hat darauf hingewiesen, dass in den Fragmenten der Ἀθηναίων πολιτεία durchweg zehn, nirgends zwölf Phylen gezählt werden, dass mithin die Schrift vor dem Jahre 307 v. Chr. abgefasst sein muss, in welchem die Zahl der Phylen von zehn auf zwölf vermehrt wurde. Die Stelle auf S. 137 der englischen Ausgabe, an welcher ein Volksbeschluss aus dem Jahre 329 v. Chr. erwähnt wird, war allerdings bisher nicht bekannt. Aber schon bisher konnte man annehmen, dass die Schrift vom Staate der Athener zu einer Zeit verfasst ist, da die athenischen Staatsschiffe Paralos und Ammonias hiessen, also frühestens in den letzten Jahren Alexanders. Denn dass die aristotelische Stelle, an welcher nach Lex. rhet. Cant. S. 675, 28 Paralos und Ammonias als athenische Staatsschiffe erwähnt waren, unserer Schrift angehörte, liess sich nicht wohl bezweifeln. Es wurde also nur bestätigt, worauf Rose schon früher hingewiesen hatte, als diese Stelle sich thatsächlich im authentischen Texte der Schrift (S. 152) fand.

Nun hat Rose versucht, genauer festzustellen, zu welcher Zeit die Ammonias als athenisches Staatsschiff an die Stelle der Salaminia getreten ist, die sie in der Ἀθηναίων πολιτεία einnimmt. In Boeckhs Urkunden zum attischen Seewesen (XVI a 97, 185; XVII a 119) wird die Triere Salaminia noch unter den Archonten Antikles (325/4) und Kephisodoros (323/2), also noch nach dem Tode Alexanders erwähnt. Wenn bis zu Alexanders Tode die Salaminia nicht in Ammonias umgenannt, bezüglich durch die Ammonias ersetzt war, so kann in der ersten Zeit nach Alexanders Tode, während deren die antimakedonische Partei Oberwasser hatte, der Gottheit des verstorbenen Königs eine solche Huldigung unmöglich dargebracht sein. Die Namensänderung könnte nicht vor September oder Oktober 322 erfolgt sein; denn um diese Zeit eroberten die Makedonier Munychia. Im Oktober 322 ist Aristoteles gestorben (Diog. Laert. V, 10 Plut. Demosth. 30). In der Schrift vom Staate der Athener würde also eine Thatsache erwähnt werden, die frühestens kurz vor dem Tode des Aristoteles eingetreten sein könnte.

Niemand wird diese Sachlage für geeignet halten, Aristoteles als Verfasser unserer Schrift zu erweisen, und eher dürfte Rose Zustimmung erwarten, wenn er danach die Möglichkeit, dass Aristoteles die Schrift vom Staate der Athener verfasst habe, für ausgeschlossen erklärt. Merkwürdigerweise aber hat niemand dem von Rose festgestellten Thatbestande auch nur eine ernsthafte Aufmerksamkeit geschenkt. Hätte man ihn einer solchen gewürdigt, so würde man allerdings einen schwachen Punkt entdeckt haben, der Roses Grunde nicht jeden Wert überhaupt, aber doch alles entscheidende Gewicht nimmt. An den angeführten Stellen der Seeurkunden wird die Salaminia als dienstuntaugliches Wrack erwähnt. Es wäre also möglich, dass die Athener während der letzten Jahre Alexanders, nachdem die Salaminia zum Wrack geworden war, ein anderes Staatsschiff gebaut haben, welches sie dem Könige zu Ehren Ammonias nannten. Wenn wir in einer späteren, frühestens unter dem Archon Philokles oder Diokles (322/1) abgefassten Urkunde, eine Tetrere Salaminia erwähnt finden, so können wir nicht wissen, ob diese wie die frühere Triere als Staatsschiff diente, auch nicht, ob vielleicht die Athener zur Zeit des Krieges mit den Makedoniern die Ammonias wieder in Salaminia umnannten oder durch eine Salaminia ersetzten. Dass die Ammonias innerhalb der erhaltenen Seeurkunden nirgends erwähnt wird, kann bei dem trümmerhaften Zustande, in dem diese Urkunden auf uns gekommen sind, an einem Zufalle liegen (Boeckh a. a. O. S 79). Es lässt sich also deshalb, weil in der Schrift vom Staate der Athener die Ammonias neben der Paralos als athenisches Staatsschiff erwähnt wird, nicht sagen, dass diese Schrift erst nach dem Tode des Aristoteles verfasst sein könne.

Da die äusseren Merkmale nicht ausreichen, um sicher zu entscheiden, ob Aristoteles der Verfasser der ihm zugeschriebenen Politieen ist, so bleibt nichts übrig als zu prüfen, ob der Inhalt unserer Schrift dem der anerkannt echten Schriften des Philosophen so nahe verwandt ist, wie Werke desselben Verfassers notwendig miteinander sein schreiben. Zutreffend bemerkt daher Blass: „Die Πολιτεία Ἀθηναίων und also wohl auch die übrigen Πολιτεῖαι des Aristoteles ist keine blosse Materialsammlung, sondern eine im ganzen wohl ausgearbeitete, jedenfalls auch sofort von dem Verfasser herausgegebene Schrift." Das Staunen von Diels, dass Aristoteles in einer hypomnematischen Schrift sich als einen solchen Meister des Stils zeigt, wird mithin zu der Konsequenz führen, dass man anerkennt: die Politieen waren keine hypomnematische, nur für den Verfasser und seine Mitarbeiter bestimmte Schrift, sondern von vorne herein für ein weiteres Publikum geschrieben.

Es fragt sich, ob Aristoteles für ein solches Publikum eine Schrift wie die vorliegende verfasst haben kann. Rose würde es bestreiten. Gewiss hätte dem grössten Schüler Platos ein Werk, in dem rein deskriptiv Thatsache an Thatsache gereiht war, in dem das Interesse durchaus am Stoffe haftet und nirgends der Versuch gemacht wird, den Stoff philosophisch zu durchdringen, nur als eine recht untergeordnete Arbeit erscheinen können. Aber als absolut unmöglich kann man es doch nicht anerkennen, dass er neben seinen spekulativen Werken, die für den kleinen Kreis verständnisvoller Schüler bestimmt waren, andere populäre Schriften verfasste, in denen er die stoffliche Wissenslust der gebildeten Menge befriedigte. Mithin ist zuzugeben, dass auch das Bedenken, welches Rose wegen des erzählenden und deskriptiven Charakters der Politieen erhoben hat, nicht ausreicht, um es für unbedingt ausgeschlossen zu erklären, dass Aristoteles diese Schriften verfasst habe.

Zum Glück aber sind wir ja nicht mehr auf das dürftige Material angewiesen, welches Rose seiner Argumentation zu Grunde legen musste, sondern haben eine inhaltreiche Schrift vor uns, in der es nicht an Punkten fehlen kann, welche zu Vergleichen mit anerkannt echten Schriften des Aristoteles Gelegenheit bieten. Alle, die sich bisher über den Inhalt der Ἀθηναίων πολιτεία geäussert haben, standen noch unter der Herrschaft des ersten Eindruckes; dieser Eindruck ist unstreitig ein äusserst günstiger, der den Leser zu der Ansicht bringt, dass nur ein Historiker erster Grösse der Verfasser der Schrift sein könne. Zunächst sind wir erfreut über den Reichtum chronologischer Angaben, von denen manche völlig neu und überraschend, die aber offenbar alle aus zuverlässigen Aufzeichnungen geschöpft sind. Dann aber tritt uns eine Reihe von Thatsachen entgegen, durch welche unsere Kenntnis der athenischen Verfassungsgeschichte an Anschaulichkeit und innerer Wahrscheinlichkeit stark gewinnt, Thatsachen, die von dem Vorstellungskreise der späteren Zeit so weit abliegen, dass sie nicht durch Konstruktion gefunden, sondern nur aus echter Überlieferung geschöpft sein können. Der Übergang der Athener von der Königsherrschaft zur Republik wird in unseren bisherigen Quellen mit einer albernen Geschichte erklärt; nach dem Opfertode des Kodros sollten die Athener gefunden haben, niemand sei wert, einem so verdienten Manne im Amte nachzufolgen, und aus diesem Grunde sollte das Königtum abgeschafft sein. Die Kritik hatte an dieser Geschichte mit Recht Anstoss genommen; aber den wahren Hergang auch nur vermutungsweise an die Stelle zu setzen, dazu fehlte ihr jeder Anhalt. S. 45 der neuen Schrift wird der Verlauf erzählt, nicht ganz frei von rationalistischer Kritik, aber doch in der Hauptsache, wie er gewesen sein kann und gewesen sein wird. Neben den König traten nacheinander der Polemarch und der Archon; dem Polemarchen wurde die Führung im Kriege, dem Archon die höchste Gewalt im Frieden übertragen, sodass dem Könige schliesslich nur die Würde des obersten Priesters blieb. Alle drei Ämter waren ursprünglich lebenslänglich und wurden erst später auf zehn Jahre, zulezt auf ein Jahr beschränkt. Erst als sie jährig geworden waren, traten die Thesmotheten, die niederen Archonten, mit gleicher Amtsdauer neben sie. Alle diese Nachrichten sind wertvoll und glaubhaft. Wenn die Einsetzung des Polemarchen damit erklärt wird, dass einige der Könige unkriegerisch geworden seien, so ist das freilich die rationalistische Hypothese eines Späteren, der nicht wusste, wie in allen griechischen Staaten das politische Leben sich lange darum gedreht hatte, dass der Adel mit Erfolg darauf hin arbeitete, die Macht der Könige zu schmälern. Aber durch einen solchen Zusatz, der sich leicht aus dem ursprünglichen Bestande ausscheiden lässt, wird dieser in seinem Werte um nichts beeinträchtigt.

Schon mehrfach hatte man darauf hingewiesen, dass die drei Landschaften Pedion, Paralia und Diakria eine wichtige Rolle spielten, als sich der attische Gesamtstaat bildete. Dass in dieser Dreiteilung die eleusinische Ebene fehlte, konnte nicht auffallen, da zu der Zeit, als sich die Einigung vollzog, Eleusis noch nicht zu Attika gehörte. Dagegen machte es Schwierigkeit, dass wir nicht wussten, mit welchem der drei ursprünglichen Staatsteile die Mesogaia, die fünfte unter den attischen Landschaften, vereinigt war. Jetzt finden wir S. 55 in einer Aufzählung der drei Hauptlandschaften die Mesogaia an Stelle der Diakria genannt, können also mit Bestimmtheit annehmen, dass beide gemeinsam einen Landesteil bildeten, der gewöhnlich als Diakria, zuweilen aber auch als Mesogaia bezeichnet wurde. Plutarch erzählt, Solon habe die Unruhen, die durch den Aufstand Kylons und den gewaltsamen Tod seiner Anhänger entstanden waren, beigelegt und Epimenides nach Athen berufen, um das Land zu entsühnen. An dieser Erzählung hatte man mit Recht Anstoss genommen, da sie dem Bestreben entsprungen ist, Solon an Verdiensten aufzubürden, was sich nur irgend in der älteren athenischen Geschichte auftreiben liess. S. 2 der neuen Schrift wird nun erzählt, wie man die Schuldigen aus Attika verbannte, und Epimenides ins Land rief, ohne dass Solons die geringste Erwähnung geschieht. Erst weiterhin beginnt seine politische Wirksamkeit.

Zahlreiche Fragmente der solonischen Gedichte sind in die Schrift aufgenommen, um einen Reformator wie Solon mit eigenen Worten reden zu lassen und zu zeigen, wie sich die politische und wirtschaftliche Lage von Attika in seinen Augen darstellte. Die meisten dieser Bruchstücke sind auch anderweitig erhalten; diese haben wir jetzt in einem wesentlich besseren Texte vor uns, als er sich aus der bisher zugänglichen Überlieferung herstellen liess. Einige Fragmente lesen wir in den Ἀθηναίων πολιτεία zum ersten Male; wenn wir aus ihnen auch keine neuen Thatsachen von durchschlagender Wichtigkeit erfahren, so zeigen sie uns doch die Verhältnisse und Vorgänge der solonischen Zeit in einzelnen Stücken anschaulicher und lebendiger als die bisherigen Quellen.

Die Geschichten, durch welche S. 43 fg. Peisistratos und seine Tyrannis charakterisiert werden, sind zum grössten Teile auch in anderen, späteren Quellen überliefert. Neu aber ist uns die S. 44 angeführte sprichwörtliche Redensart, welche zeigt, dass den Nachkommen die Zeit des Tyrannen wie ein goldenes Zeitalter erschien. Wie populär die Tyrannis selbst unter Hippias war, darauf wirft ein neues Licht die Art, wie S. 52 die Vorgänge nach dem Sturze der Tyrannen erzählt werden. In Isagoras, dem Gegner des Befreiers Kleisthenes, sahen wir bisher den Vertreter einer reaktionär aristokratischen Partei. Jetzt lesen wir, dass er ein Freund der Tyrannen war; wenn gegen ihn Kleisthenes anfangs den kürzeren zog, lässt sich das nur so erklären, dass die Mehrheit für die vertriebenen Tyrannen Partei nahm, da sie von Kleisthenes und seinen Freunden ein oligarchisches, volksfeindliches Regiment fürchtete. Erst seine Niederlage gegen Isagoras zeigte Kleisthenes die Notwendigkeit, das Volk durch demokratische Reformen zu beruhigen. So wird die Angabe Herodots (V, 69) verständlich, dass Kleisthenes zur Masse des Volkes anfangs in einem Gegensatze stand und sie erst später ganz auf seine Seite herüberzog.

Über die Gründe, aus denen die Spartaner die Angriffe der Alkmeoniden auf die Tyrannen zuletzt unterstützten, giebt einen unerhofften Aufschluss die Angabe (S. 50), dass die Peisistratiden mit den Argivern, den Hauptfeinden der Spartaner, verbündet waren. Es war also weniger das Gebot des delphischen Gottes als das eigene politische Interesse, was die Spartaner bestimmte, am Sturze der Tyrannen mitzuarbeiten.

Vielleicht die bekannteste Thatsache der athenischen Geschichte ist der Streit des Themistokles und Aristeides über die Einkünfte der laurischen Bergwerke. So oft aber auch diese Geschichte in den Quellen erzählt wird, war es bisher nicht möglich zu erklären, wie die Bergwerke in einem Jahre auf einmal eine Summe von hundert Talenten abwerfen konnten. Jetzt werden wir belehrt (S. 51), dass die Bergwerke überhaupt erst 484 entdeckt wurden. Die hundert Talente kamen also nicht aus den jährlichen Abgaben der Pächter zusammen, sondern aus den Kaufgeldern, welche die Pächter einmal beim Antritt der Pacht zahlen mussten, und diese konnten sich recht wohl auf eine so grosse Summe belaufen.

Themistokles gilt in den Quellen und vielleicht noch mehr in den neueren Darstellungen als demokratischer Politiker. Denn als demokratisch sieht man es an, dass er den Schwerpunkt der athenischen Macht vom Lande auf die See verlegte. Ihren Höhepunkt erreichte diese Politik, als beim Anmarsche der Perser alle Athener das Land räumten und die Schiffe bestiegen. In der Schrift vom Staate der Athener wird erzählt (S. 65), dass dieser Entschluss vor

allem durch die Energie des Areopags ermöglicht wurde.
Damit wird das Verdienst des Themistokles, das ein ihm
so wenig wohlwollender Historiker wie Herodot anerkennt,
nicht bestritten. Er war Mitglied des Areopags und konnte
durch seine überlegene Einsicht die Haltung dieser Behörde
bestimmen. Aber als demokratisch werden wir die themi-
stokleische Politik nicht mehr bezeichnen können, seit wir
wissen, dass sie von einer Behörde unterstützt wurde, welche
das Bollwerk der Aristokratie bildete.

Zeigen solche und ähnliche Nachrichten, dass in der
'Αϑηναίων πολιτεία Quellen benutzt sind, die über wichtige
Momente der athenischen Geschichte wertvolle Aufschlüsse
geben, so begegnen wir an anderen Stellen Beweisen einer
gesunden Kritik und eines feinen Verständnisses, mit dem
die Thatsachen der Überlieferung aufgefasst werden.

Die Angabe, dass das Amt des Archon später entstanden ist als das des Königs und des Polemarchen, wird
S. 6 durch die Betrachtung bestätigt, dass der Archon von
gewissen Funktionen ausgeschlossen war, die dem Könige
und dem Polemarchen oblagen. Obgleich der Text gerade
an dieser Stelle schlecht erhalten ist, sodass wir nicht genau
sagen können, welches die Funktionen waren, die der König
und der Polemarch vor dem Archon voraus hatten, so lässt
sich doch mit Sicherheit annehmen, dass altertümliche Funktionen bezeichnet sind. Wenn somit ein Amt, dem altertümliche Attribute fehlen, für jünger erklärt wird als andere, die mit solchen Attributen ausgestattet sind, so ist
das ein Schluss, den jeder durch die moderne Kritik ge-
schulte Historiker ebenso ziehen würde. Dass später der
Archon seine Kollegen an Macht weit überragte, wird
S. 34.5 zutreffend aus den politischen Kämpfen zu Anfang
des sechsten Jahrhunderts gefolgert, die sich hauptsächlich
um die Frage drehten, welche Partei die Stelle des ersten
Archon besetzen sollte. Dass die Unzufriedenheit des nie-

deren Volkes in der Zeit vor Solon durch einen wirtschaftlichen Notstand verursacht war, wird S. 15 in einem Zusammenhange hervorgehoben, der deutlich zeigt, dass der Verfasser es für unmöglich hält, eine soziale Gärung durch politische Reformen zu beschwichtigen. Die alberne Ansicht, Solon habe absichtlich seine Gesetze in dunklen Ausdrücken gegeben, wird S. 27 mit einem Gedanken zurückgewiesen, der einem modernen Rechtshistoriker wohl anstehen würde: „Man darf seine Absicht nicht nach dem thatsächlich eingetretenen Erfolge, den wir heute vor Augen haben, sondern nur im Zusammenhange mit seiner sonstigen Politik beurteilen." Die wichtige, von neueren Historikern viel erörterte Thatsache, dass bis auf Perikles die Führer auch der demokratischen Parteien den vornehmen Geschlechtern angehörten, und dass nach dem Tode des Perikles zum ersten Male Männer der niederen Volksklassen als Politiker hervortraten, wird S. 77 in gebührendes Licht gesetzt.

Überblicken wir diese Stellen, die sich leicht durch ähnliche vermehren liessen, so gewinnen wir den Eindruck, dass in der Schrift vom Staate der Athener eine Fülle guter Nachrichten mit treffender Kritik und eindringendem Verständnis verarbeitet ist. Wir verstehen, wie Diels urteilen kann, „dass er (Aristoteles) seinen Stoff aus den besten Quellen gesammelt, chronologisch festgestellt, mitunter durch charakteristische Anekdoten und Gedichtproben ausgestattet hatte, dass er mit archivalischer Genauigkeit gerade die dunkleren Partieen aufgehellt hat, die bei Herodot und Thukydides, den Klassikern, lückenhaft dargestellt waren, dass er seine Darstellung mit so viel erlesenem Urkundenmaterial ausgestattet und den ganzen bunten Stoff in eine so überaus elegante, staatsmännische Form gekleidet hat." *) So sehr indessen dies Urteil der dankbaren

---
*) Ähnlich äusserte sich schon auf Grund der Berliner Fragmente Theod. Bergk (Rhein. Mus. XXXIV. S. 90): „Selbst

Freude entsprach, mit welcher der kostbare Schatz allgemein begrüsst wurde, so wenig wird es sich nach eingehender Prüfung aufrecht erhalten lassen.

Schon ehe die Schrift vom Staate der Athener entdeckt wurde, waren wir in der glücklichen Lage, einige Urkunden und urkundliche Nachrichten aus der älteren athenischen Geschichte zu besitzen. So ist wenigstens in Trümmern eine Inschrift erhalten (CIA I, 61), auf welcher das drakontische Blutrecht verzeichnet war. Diese Inschrift wird in der Ἀθηναίων πολιτεία nicht benutzt, das drakontische Blutrecht überhaupt nicht dargestellt. Dass es überflüssig sei, in einer athenischen Verfassungsgeschichte vom Blutrechte zu reden, wird niemand behaupten wollen. Der Übergang von der Blutrache zur Blutgerichtsbarkeit ist bei allen Völkern einer der wichtigsten Schritte im Werden des Staates. Insbesondere wirft die Art, wie sich dieser Übergang in Attika vollzogen hat, ein helles Licht auf die älteren politischen Verhältnisse des Landes. Wenn in einer Darstellung der athenischen Verfassungsgeschichte ein Gegenstand von so sehr hervorragender Wichtigkeit übergangen wird, so hat der Verfasser entweder nicht genug historisches Verständnis gehabt, um die Wichtigkeit der Sache richtig zu würdigen, oder er hat die Quellen nicht gekannt, aus denen er sich über den Gegenstand unterrichten konnte.

---

ein blödes Auge wird erkennen, dass der Verfasser vollkommen mit seinem Gegenstande vertraut ist, dass er zwischen Wesentlichem und Unwichtigem sehr wohl zu scheiden weiss, dass hier nicht ein buchgelehrter Grammatiker zu uns spricht, sondern ein erfahrener Mann, der mit scharfem Blicke das politische Leben zu betrachten gewohnt war, den sein historischer Sinn vor jeder Befangenheit des Urteils bewahrte. Nicht minder erinnert die schlichte und schmucklose, nur auf die Sache gerichtete Darstellung an die Weise des Begründers der Staatswissenschaft."

Von Solons Gesetzen ist uns auf Inschriften nichts, dafür aber manches in Plutarchs Biographie (19—24) erhalten. Bisher war es die herrschende Ansicht, dass diese Angaben mittelbar aus der aristotelischen Schrift vom Staate der Athener genommen seien. Diese Ansicht hat insbesondere Oncken begründet (Staatslehre des Aristoteles II S. 419 fg.), der sie am bestimmtesten in folgendem Satze (a. a. O. S. 435) äussert: „Aus all diesem ergiebt sich mit zweifelloser Gewissheit, dass die aristotelische Politie der Athener von Alexandrinern und Byzantinern, von Griechen und Römern benutzt worden ist als das einzige Werk, welches von dem Inhalt und Wortlaut der solonischen Gesetztafeln eine Wiedergabe enthielt." Diese Annahme war die nächstliegende, solange die Schrift vom Staate der Athener nur in kümmerlichen Bruchstücken erhalten war. Wenn aber jetzt, da der Kern der Schrift vorliegt, Diels findet, „dass Drakons und Solons Zeit trotz der langen Excerpte, die Plutarch aus der Πολιτεία gegeben hat, in völlig neuem und überraschendem Lichte erscheint", so übersieht er, dass Plutarch das Beste, was wir bei ihm über Solons Zeit lesen, die Bruchstücke solonischer Gesetze, nicht aus der Ἀθηναίων πολιτεία nehmen konnte, weil es in der Ἀθηναίων πολιτεία nicht enthalten war. Manche der von Plutarch angeführten Gesetze sind ja rein privatrechtlichen Inhalts, so dass es zweifelhaft erscheinen mag, ob sie in einer Verfassungsgeschichte erwähnt werden mussten. Aber das sogenannte Amnestiegesetz, welches Plutarch (Sol. 19) im Wortlaute anführt, ist wichtig einerseits als wesentliches Stück solonischer Politik, andererseits wegen der Behörden, die es nennt, und der Fragen, die sich an die Namen dieser Behörden knüpfen. Solons Gesetz über die Naturalisation (Plut. Sol. 24) war bezeichnend einerseits für den Begriff vom Bürgerrecht, der zu Solons Zeit herrschte, andererseits für den Einfluss, den Solon auf das wirtschaftliche

Leben ausüben wollte. Aus dem letzteren Grunde verdiente auch das Gesetz erwähnt zu werden, in welchem Solon anordnete (Plut. Sol. 22), dass ein Vater, der seinen Sohn kein Handwerk lernen liess, den Anspruch verlor, vom Sohne im Alter erhalten zu werden. Über das solonische Agrarrecht macht Plutarch (Sol. 23, 24) ausführliche Angaben, die von demjenigen beachtet werden müssen, der verstehen will, auf welche Weise Solon den ländlichen Notstand abzustellen suchte. Von einschneidender Wirkung auf die Verteilung und den Umlauf der Güter, mithin auf die Grundlage aller politischen Verhältnisse, war das Gesetz (Plut. Sol. 21), welches dem söhnelosen Erblasser das Recht gab, über sein Vermögen testamentarisch zu verfügen.

Alle diese Gesetze konnte der Verfasser der Schrift vom Staate der Athener in ihrem authentischen Texte für seine Arbeit verwerten. Das Zeugnis, welches dem Aristoteles selbst eine Schrift περὶ τῶν Σόλωνος ἀξόνων beilegt (Müller FHG I S. 109), hat ja freilich noch weniger Wert als die Zeugnisse, welche die Politieen als Werk des Philosophen bezeichnen. Aber unbestreitbar ist, dass es zur Zeit des Aristoteles möglich war, Solons Gesetzestafeln zu studieren, dass noch nach Aristoteles diese Möglichkeit benutzt ist von Forschern, deren Arbeit Plutarch (Sol. 1) wahrscheinlich durch Didymos vermittelt erhielt. Dagegen hat der Verfasser der Ἀθηναίων πολιτεία von Solons Gesetzen nicht oder höchstens sehr flüchtig Kenntnis genommen, sonst würde er Gesetze von einer Wichtigkeit wie die eben bezeichneten nicht übergehen.

Vielleicht scheint es manchem, dass moderne Voraussetzungen an einen antiken Geschichtschreiber in unberechtigter Weise herangebracht werden, wenn man meint, ein antiker Erzähler der athenischen Verfassungsgeschichte hätte auf die Gegenstände, welche in den von Plutarch wiedergegebenen Gesetzen behandelt werden, Gegenstände, die für unser Interesse in erster Linie stehen, Gewicht legen müssen. Es wird daher richtig sein, den Verfasser selbst zu befragen, welche Momente er in den Vordergrund rückte. Den ländlichen Notstand der vorsolonischen Zeit erklärte er vornehmlich aus der Härte der damaligen Pachtverträge (S. 3). Es gab ein solonisches Gesetz, welches solche Pachtverträge regelte (Pollux VII, 151); dies Gesetz wird in der Ἀθηναίων πολιτεία mit keiner Silbe erwähnt. Aristoteles (Polit. II S. 1266 b) kannte ein solonisches Gesetz, welches ein Maximalmass für den Grundbesitz, den ein einzelner erwerben durfte, festsetzte. Auch dies Gesetz wird in der Schrift vom Staate der Athener übergangen, entweder, weil es dem Verfasser nicht wichtig schien, oder, weil er es nicht kannte. In letzterem Falle wusste er nicht, was Aristoteles wusste, in ersterem stellte er nicht in den Vordergrund, was Aristoteles an der athenischen Verfassungsgeschichte besonders interessierte. In jedem Falle ist es schwer, Aristoteles für den Verfasser zu halten.

Auch über die Regierung der Tyrannen zeigt Aristoteles eine Kenntnis, die wir in der Ἀθηναίων πολιτεία vergebens suchen. Er bezeichnet (IV S. 1313 b) den Bau des Olympieion als eine Massregel, durch welche die Peisistratiden einen grossen Teil der Bevölkerung beschäftigten und von politischen Unruhen zurückhielten. An dieser Angabe ist überliefert wohl nur die Thatsache, dass die Tyrannen das Olympieion gebaut haben, das andere ist eine Hypothese des Philosophen, die in einer historischen Schrift vielleicht mit Absicht übergangen wurde. Aber auch wichtige Thatsachen, aus denen die Politik der Tyrannen uns anschaulich werden würde, sind in der Ἀθηναίων πολιτεία nicht erzählt, obgleich der Verfasser sie ohne Schwierigkeit aus den Urkunden ermitteln konnte. Die Anekdoten, durch die er die Tyrannen charakterisiert, sind ja nicht ohne

Wert. Wertvoller würde uns doch sein, die Gesetze (Plut. Sol. 31) und Volksbeschlüsse der peisistratischen Zeit kennen zu lernen. Inschriftliche Reste eines Volksbeschlusses, vielleicht sogar aus der Zeit vor Peisistratos, sind bis auf den heutigen Tag erhalten. Was wir aus diesen mühsam erschliessen müssen, hatte der Verfasser bequem vor Augen. Zweifellos fehlte es nicht an ähnlichen Urkunden, die er hätte verwerten können; er hat von dieser Möglichkeit keinen Gebrauch gemacht.

Noch immer muss ich den Einwand fürchten, dass ich an den Verfasser mit falschen Voraussetzungen herantrete. Man wird mit Recht hervorheben, dass er keine Urkundensammlungen zur Verfügung hatte, sondern nur verwerten konnte, was ihm gerade unter die Augen kam, und es als einen Zufall bezeichnen, der unter diesen Umständen erklärlich sei, wenn er von den zahlreichen Urkunden, die ihm zugänglich waren, gerade diejenigen, die auf uns gekommen sind, nicht benutzt hat. Aber welche hat er benutzt? Wo bereichert er unsere Kenntnis durch urkundliche Nachrichten? Fast überall, wo sich aus unseren bisherigen Quellen eine entscheidende Frage ergiebt, die er auf Grund der Urkunden hätte beantworten können, bleibt er die Antwort schuldig.

Der Fortschritt von der solonischen Verfassung zur ausgebildeten Demokratie hat sich in Athen vorzugsweise dadurch vollzogen, dass die Gewalt mehr und mehr von den Beamten und den Ratsbehörden an die Volksversammlung und die Volksgerichte überging. Welche Stadien dieser Prozess durchgemacht hat, fragten wir bisher vergebens und fragen es weiter vergebens. Und doch waren dem Verfasser der $Ἀθηναίων\ πολιτεία$ die Gesetze und Volksbeschlüsse zugänglich, welche die Grenzen zwischen den verschiedenen Faktoren gezogen und wiederholt verschoben hatten. Einen grossen Schritt auf der bezeichneten

Bahn hat zweifellos Kleisthenes gethan. Die einzige seiner Reformen, die wir genauer kannten, war bisher die Neuordnung der Demen und Phylen. Diese Reform ist auch die einzige, welche in der Ἀθηναίων πολιτεία eingehend dargestellt wird. Und doch war es dem Verfasser möglich, mehr über Kleisthenes zu erfahren. Androtion (Fr. 3) wusste, dass Kleisthenes die Apodekten als Finanzbehörde an die Stelle der älteren Kolakreten setzte. Kleisthenes war also auch beteiligt an dem Prozess, durch welchen die Zahl der Ämter in Athen mehr und mehr zu der Höhe anwuchs, die sie in der ausgebildeten Demokratie erreicht hat. Was Androtion darüber erfahren hat, konnte auch der Verfasser der Ἀθηναίων πολιτεία erfahren, entweder von Androtion selbst oder aus den Quellen, die Androtion benutzt hat.

Ebensowenig wie über Kleisthenes bietet er über andere Politiker etwas Neues, die wir gern besser kennen lernen würden, als aus den bisherigen Quellen möglich ist. Von Perikles erzählt er nichts, als was bereits bekannt war. Alkibiades wird nicht einmal erwähnt. Allerdings knüpfte sich ja wohl keine Verfassungsänderung an seinen Namen; aber zweifellos war seine Gestalt ebenso charakteristisch für die politischen Zustände, die er vorfand, wie von Einfluss auf diejenigen, die er zurückliess. Ebensowenig wie Alkibiades wird sein Gegner Hyperbolos genannt, und die merkwürdigen Vorgänge, die es dahin brachten, dass dieser Demagog durch Ostrakismos verwiesen wurde, bleiben so rätselhaft wie zuvor. Ein Institut, das für die Politik des fünften Jahrhunderts ungemein wichtig war, die Kleruchieen, wird mit Stillschweigen übergangen. Die Regierung der Vierhundert und der Dreissig wird ausführlich erzählt. Trotzdem bleibt ein wichtiger Punkt ebenso unklar wie bisher, nämlich die Frage, wann nach dem Sturze der Vierhundert die Athener von der gemässigten Demokratie zur reinen Demokratie zurückgekehrt sind.

Der Verfasser der Ἀθηναίων πολιτεία zeigt sich an entscheidenden Stellen der athenischen Verfassungsgeschichte, über welche ihm die Urkunden ohne Schwierigkeit Auskunft geben konnten, so mangelhaft unterrichtet, dass er archivalische Studien in irgend nennenswertem Umfange unmöglich getrieben haben kann. Wenn er eine Reihe von Volksbeschlüssen mit dem Namen des Antragstellers anführt, so lässt sich annehmen, dass in den Atthiden, den Chroniken der Stadt Athen, Auszüge aus den wichtigsten Volksbeschlüssen verzeichnet waren. S. 24 u. S. 45 zeigt er allerdings eine Kenntnis von athenischen Gesetzen, die zu seiner Zeit nicht mehr gültig waren. Diese Kenntnis kann er entweder durch gelegentliches, oberflächliches Studium oder aus erzählenden Quellen gewonnen haben. Die einzige Urkunde, die in der Ἀθηναίων πολιτεία im Wortlaute mitgeteilt wird, ist der Vertrag, durch welchen nach dem Sturze der Dreissig die siegreichen Demokraten den besiegten Oligarchen Eleusis als besonderen Staat einräumten. Man kann nicht sagen, dass diese Urkunde, die einen ganz vorübergehenden Zustand begründete, eine grössere Wichtigkeit besitzt als irgend eine von den vielen, die wir vermisst haben. Wenn gerade diese mitgeteilt wird, ist es mithin nur daraus zu erklären, dass der Verfasser sie in der erzählenden Quelle fand, die ihm für die Geschichte der Dreissig vorlag. Diese Quelle war ausführlich und schöpfte aus den Urkunden Angaben, die vor denen Xenophons über dieselben Begebenheiten entschieden den Vorzug verdienen. Es ist z. B. sehr viel wahrscheinlicher, dass Kritias seinen Gegner Theramenes in der fein berechneten Art und Weise gestürzt hat, die S. 97/8 geschildert wird, als in der theatralischen Scene, die Xenophon erzählt. Aber wenngleich die Quelle, aus der in der Ἀθηναίων πολιτεία S. 93 fg. die Geschichte der Dreissig wiedergegeben wird, vortreffliche und selbst urkundliche Nachrichten enthielt, hat sie darum doch nicht den Wert einer Urkunde. Dazu ist sie zu subjektiv gefärbt. Sie wird von dem Streben beherrscht, Theramenes in möglichst günstigem Lichte erscheinen zu lassen.

Noch stärker tritt dies Streben in dem hervor, was von der Herrschaft und dem Sturze der Vierhundert erzählt wird. Die Vierhundert werden gelobt, so lange Theramenes auf ihrer Seite steht, und von dem Augenblicke an getadelt, wo er sich gegen sie wendet. Man wird Bedenken tragen, einer Quelle, die in solchem Masse durch die Vorliebe für eine Persönlichkeit beeinflusst ist, den Vorzug vor Thukydides zu geben. Die Abweichungen von Thukydides, welche der Herausgeber hervorhebt, erklären sich wenigstens zum Teil aus dem Bemühen, das Regiment der Vierhundert als möglichst volkstümlich hinzustellen. Diese Behörde erschien entschieden in günstigerem Lichte, wenn sie in der Weise, wie S. 86 beschrieben wird, aus Volkswahlen hervorgegangen, als wenn sie, wie Thukydides VIII, 67 berichtet, durch Kooptation bestellt war. Da auch Thukydides Sympathie für die Vierhundert an den Tag legt und intime Nachrichten über sie bezog, mithin nichts, was für sie sprach, unterdrückt haben kann, verdienen in allen Fällen, wo die neue Quelle zu Gunsten der Vierhundert von ihm abweicht, seine Angaben den Vorzug.

Obgleich die Quelle, nach welcher in der Schrift vom Staate der Athener die Herrschaft der Vierhundert erzählt wird, nicht die Autorität eines Thukydides besitzt, ist sie doch durchaus nicht die schlechteste Quelle, die in der neugefundenen Schrift benutzt ist. An einigen Stellen der Ἀθηναίων πολιτεία lesen wir Geschichten, die der Verfasser nur bei Historikern von sehr untergeordnetem Werte gefunden haben kann. Zunächst nehmen die Anekdoten unstreitig einen grösseren Raum ein, als ihnen in einer Verfassungsgeschichte zukommt. Und manche dieser Anekdoten enthalten durchaus nichts, was für die politischen Zustände charakteristisch ist. Die Mehrzahl der von Peisistratos erzählten Anekdoten liesse sich damit rechtfertigen, dass sich in ihnen die Art und Weise des Tyrannen kundgiebt. Aber was für einen Wert hat es für eine Verfassungsgeschichte, zu erfahren, dass es Historiker gab, die von einem unlauteren Verhältnis Solons zu Peisistratos erzählten? Allerdings wird diese Geschichte S. 45 vom Verfasser selbst aus chronologischen Gründen verworfen. Aber vom Werte einiger unter seinen Quellen macht es keinen günstigen Eindruck, dass er solche Geschichten in ihnen fand. Die Anfänge des Tyrannen werden S. 38—41 mit ausführlichen Details erzählt, aus denen über die wirklich bewegenden Kräfte sich nichts ergiebt, und dabei wird S. 41 die hochwichtige Thatsache verzeichnet, dass das Mädchen, welches Peisistratos als Athene verkleidet haben soll, nach Herodot aus Attika, nach anderen Historikern aus Thrakien stammte. Die Katastrophe des Harmodios und Aristogeiton und das Ende der Tyrannis wird S. 46—52 umständlich erzählt. Dass dabei S. 48 gegen Thukydides in einem recht unwichtigen Punkte polemisiert wird, ist gegenüber der Autorität des Historikers, der sich hier eine Korrektur gefallen lassen muss, gerechtfertigt. Aber welchen Wert haben die ausführlichen Angaben über den Sturz der Tyrannen, wenn in ihnen der aus Herodot ersichtliche Umstand, dass nur ein Teil der Athener gegen die Tyrannen Partei nahm, S. 51 übergangen oder gar verwischt wird? Und doch muss man, wie oben S. 12 gezeigt wurde, diese Thatsache vor Augen haben, um zu verstehen, was S. 52 über die Vorgänge nach dem Sturze der Tyrannen erzählt wird.

Aber nicht bloss unwesentliche, auch direkt verkehrte Angaben werden in der Ἀθηναίων πολιτεία verzeichnet. So wird niemand auf die Anekdote etwas geben, die S. 16 von einigen Freunden Solons erzählt wird. Diese Freunde sollen vor dem solonischen Schuldenerlass umfangreiche Güter von erborgtem Gelde zusammengekauft haben, um nach dem Schuldenerlass die Güter zu behalten und ihre Schulden nicht zu bezahlen. Die Geschichte ist ersonnen, um den a. a. O. Z. 9 erwähnten Ausdruck παλαιόπλουτοι zu erklären, der vermutlich Leute von altererbtem Reichtume im Gegensatze zu Parvenus bezeichnete. Noch unsinniger ist die S. 26 erwähnte Behauptung, Solon habe absichtlich seine Gesetze in dunkelen Ausdrücken gegeben, um der richterlichen Gewalt einen weiten Spielraum zu lassen. Diese Behauptung wird, wie schon oben S. 15 bemerkt wird, vom Verfasser selbst mit treffender Kritik zurückgewiesen. Aber welchen Eindruck macht es von der Zuverlässigkeit gewisser Historiker, die er benutzt hat, wenn sie dem Lobredner der εὐνομία zutrauten, er habe absichtlich schlechte Gesetze gegeben.

Nicht immer verhält sich der Verfasser gegen verkehrte Angaben seiner Quellen so ablehnend wie an dieser Stelle. Er erzählt S. 71/2, Themistokles habe unter dem Archon Konon (462/1) den Ephialtes unterstützt, als er seinen Angriff auf die Machtstellung des Areopages unternahm. Diese Angabe widerspricht aller Chronologie. Nach Diodor (XI, 54) wurde Themistokles unter dem Archon Praxiergos (471/0) verbannt. Diodor erzählt zuweilen in der Geschichte eines Jahres, was während einer Reihe von Jahren geschehen ist. Aber auch der armenische Eusebios setzt die Verbannung in das Jahr 471/0, Hieronymus in das Jahr 472/1. Cicero (de amic. XII, 42) erzählt, Themistokles habe 20 Jahre nach Coriolan, d. h. 471, wie dieser aus dem Vaterlande zu den Feinden fliehen müssen. Vielleicht wird man meinen, alle diese Angaben stammen aus einer gemeinsamen Quelle, in der die Chronologie gefälscht sei, und müssen gegenüber der neuen Quelle verworfen werden, welche Themistokles 462/1 in Athen anwesend sein lässt.

Aber die Verkehrtheit dieser Angabe lässt sich auch auf indirektem Wege erweisen.

Nach Thukydides (I, 137) war Themistokles bereits aus Athen verwiesen, als Pausanias starb. Nach Justin (IX, 1) hat sich Pausanias sieben Jahre lang, d. h. 477 bis 470, als Herr von Byzanz behauptet. 470 wurde er aus Byzanz verdrängt. Können die Vorgänge von da bis zu seinem Tode einen Zeitraum von mehr als 8 Jahren (470 bis 462) erfüllt haben? Vielleicht wird man gegen diese Rechnung einwenden, dass sie mit einem unsicheren Faktor operiert. Es fehlt nicht auch an sicheren Faktoren. Schon mancher hat bedauert, dass Thukydides in seinen chronologischen Angaben über die Ereignisse der Pentekontaetie so sparsam ist; aber noch niemand hat bezweifelt, dass man sich auf die chronologischen Angaben, die sich bei ihm finden, verlassen kann. Auch Kenyon erkennt die Autorität thukydideischer Daten S. 70 unumwunden an. Er weist selbst darauf hin, dass nach Thukydides (I, 137) Themistokles an den persischen Hof kam, als Artaxerxes eben seine Regierung angetreten hatte, und dass Artaxerxes 465 den Thron bestiegen hat. Er meint aber, dass, wenn Themistokles etwa 460 in Asien anlangte, sich damals noch sagen liess, Artaxerxes habe kürzlich begonnen zu regieren. Auch Kenyon wird mithin gegen die Autorität der neuen Schrift Bedenken erheben müssen, wenn nachgewiesen wird, dass ihr Widerspruch gegen Thukydides sich nicht beseitigen lässt.

Nach Thukydides (I, 137) kam Themistokles auf der Flucht nach Asien in Gefahr, in die Hände der Athener zu fallen, als sie die aufständischen Naxier belagerten. Die Zeit des Aufstandes von Naxos ist ungewiss; jedenfalls wurde er vor der Schlacht am Eurymedon niedergeworfen und die Schlacht am Eurymedon vor dem Abfalle der Thasier geschlagen. Der Abfall der Thasier aber lässt sich, wie Busolt, Gr. G. II. S. 414 nachweist, mit Sicherheit in das Jahr 466/5 setzen. Gleichzeitig mit der Flotte, welche die Thasier zum Gehorsam zurückbringen sollte, schickten die Athener ein Landheer nach Thrakien (Thukydid. I, 100), das von den Eingeborenen bei Drabeskos aufgerieben wurde. 29 Jahre später wurde Amphipolis gegründet (Thuk. IV, 102.). Die Gründung von Amphipolis setzen Diodor (XII, 32) und der Scholiast zu Aesch. d. fals. leg. 34 übereinstimmend in das Jahr 437/6. Mithin haben die Niederlage bei Drabeskos und der Abfall der Thasier im Jahre 466/5*) stattgefunden.

Dasselbe Datum ergiebt sich aus folgender Kombination. Die Spartaner wurden durch den Aufstand der Heloten verhindert, den Thasiern Hilfe zu senden (Thukyd. I, 100). Die Heloten empörten sich im vierten Jahre des Königs Archidamos (Plut. Kim. 16). Archidamos starb zwischen Juni 428 und Frühjahr 426 (Thuk. III, 1, III, 89) nach zweiundvierzigjähriger Regierung (Diod. XI, 48, XII 35), ist also zwischen Juni 470 und Frühjahr 468 auf den Thron gekommen (Busolt Gr. G. II S. 353 A. 2); sein viertes Regierungsjahr hat mithin zwischen Juni 466 und Frühjahr 464 begonnen. Folglich wurden spätestens 464 die Spartaner durch die Empörung der Heloten verhindert, den Aufstand der Thasier zu unterstützen. In der That erhoben sich nach Pausanias (IV, 24,2) die Heloten unter dem Archon Archedemides (464/3) und tiefer lässt sich der Helotenaufstand keinenfalls hinabrücken. Wahrscheinlich ist er früher anzusetzen (Diodor XI, 63, 64).

Unter dem Archon Archedemides (464/3) mussten sich die Thasier unterwerfen (Diod. XI, 70). Das geschah im

---

*) Dass in den Scholien zu Aesch. d. f. leg. 34 die Niederlage bei Drabeskos unter dem Archon Epikrates (453/2) mithin später als die Schlachten bei Tanagra und Oenophyta gesetzt wird, kann nur an einem Schreibfehler liegen.

dritten Jahre der Belagerung (Thukyd. I, 101). Die Belagerung hatte also im Jahre 466/5 begonnen. Es ist auf keine Weise möglich, den Abfall der Thasier später als in diesem Jahre anzusetzen. Mithin hat der Abfall der Naxier vor diesem Jahre stattgefunden. Vor dem Jahre 466|5 hat Themistokles auf der Flucht nach Persien die Gegend von Naxos passiert. Er kann also nicht 462|1 als Mitglied des Areopags in Athen anwesend gewesen sein und Ephialtes geholfen haben, den Areopag zu stürzen.

Vielleicht erscheint es manchem überflüssig, dass hier umständlich bewiesen ist, was er auf den ersten Blick gesehen hat und ohne Schwierigkeit auf anderem Wege beweisen könnte. Indessen gegenüber der herrschenden Ansicht, welche die Autorität der neuen Quelle über alles stellt uud ihr die sichersten Ergebnisse der Forschung, ja sogar die zuverlässigsten Angaben der besten Autoren opfert, war es notwendig, an einem schlagenden Beispiele zu zeigen, wie wenig jenes Vorurteil begründet ist. Nicht besser als über Themistokles zeigt sich der Verfasser über seinen Gegner Aristeides unterrichtet. Von diesem erzählt er im einundzwanzigsten Kapitel, er habe in den glücklichen Jahren nach dem grossen Perserkriege den Bürgern den Rat gegeben, von ihren Landgütern nach der Stadt zu ziehen, um dort teils von Kriegs- und Wachtdiensten teils von dem für den Anteil an der Regierung gezahlten Solde zu leben. Auffallend ist es zunächst, Aristeides als den Vertreter einer solchen Politik zu finden. Nicht ohne Grund galt er bis jetzt als Gegner der maritimen Entwicklung von Athen und Vertreter der ländlichen Interessen; nach der vorliegenden Nachricht hätte er in erster Linie es zu verantworten, dass die Athener aus einem Bauernvolke ein Stadt- und Hafenvolk geworden sind. Aber wir sind über Aristeides so mangelhaft unterrichtet, dass wir uns gern aus einer neuen Quelle belehren lassen würden. Und unmöglich ist es ja nicht, dass Aristeides, obgleich er dem Streben, Athen zu einer Seemacht zu erheben, anfangs Widerstand entgegengesetzt hatte, später eine Entwicklung eifrig förderte, die sich doch nicht mehr rückgängig machen oder aufhalten liess. Aber in welcher Weise konnte Aristeides diese Entwickelung fördern? Konnte er den Entschluss des einzelnen Bauers beeinflussen, seinen Acker zu verlassen und nach der Stadt überzusiedeln? Oder hielt er eine Rede in der Volksversammlung, in der er die Bürger aufforderte, ihren bisherigen Broterwerb aufzugeben und sich aus den Tributen der Bundesgenossen bezahlt zu machen? Ein Historiker, der so etwas für möglich hielt, zeigt einen merkwürdigen Mangel an politischem und nationalökonomischem Urteil. Er führt auf den künstlichen Eingriff eines Mannes zurück, was das Ergebnis einer langen Entwicklung ist, die sich im stillen vollzog. Aristoteles ist ein so kindlicher Missgriff kaum zuzutrauen. Er kannte (Politik II S. 1291 b. 15 fg.) die verschiedenen Klassen der Bevölkerung in der Stadt und am Hafen, die Handwerker und Krämer, die Matrosen und Fischer u. s. w. Er konnte sich sagen, dass für alle diese Klassen die Erwerbsverhältnisse sich besserten, wenn die Seemacht und der Seehandel der Athener sich hoben, und musste es natürlich finden, dass in einer Zeit erfolgreicher Seekriege die ländliche Bevölkerung viele Elemente an die städtische abgab.

Aber diese inneren Gründe, obgleich stark genug, sind nicht das schwerste, was sich gegen die Angabe der Ἀθηναίων πολιτεία über Aristeides einwenden lässt. Sie steht in ausdrücklickem Widerspruch zu einem unumstösslichen Zeugnisse des Thukydides. Von diesem wissen wir (II 14), dass trotz der Umstände, die nach den Perserkriegen die Zunahme der städtischen Bevölkerung begünstigten, doch bis zum Beginne des peloponnesischen Krieges die überwiegende Mehrzahl der Athener auf dem Lande lebte. Nur schwer entschlossen sich die attischen Bauern, auch nur für die kurze Zeit im Jahre, während deren die Spartaner im Lande standen, nach der Stadt zu ziehen. Wie unnatürlich es ihnen vorkam, in den Mauern zusammengedrängt zu leben, wie sie sich nach ihrer Landarbeit zurücksehnten, sehen wir aus Aristophanes. Erst durch die Kriegsnot, welche es unmöglich machte, die Äcker regelmässig zu bestellen, kam es dahin, dass viele gezwungen wurden, von dem Solde zu leben, den sie als Krieger, Beamte oder Richter bezogen. In welchem Umfange öffentliche Besoldungen schon zur Zeit des Aristeides eingeführt waren, ist zweifelhaft. Dass sie nicht in dem Umfange bestanden, der in der $'A\vartheta\eta\nu\alpha\iota\omega\nu\ \pi o\lambda\iota\tau\epsilon\iota\alpha$ beschrieben wird, ist gewiss. Hier werden unter denen, die von Staatsgeldern lebten, auch 6000 Richter aufgezählt. Nun ist allgemein bekannt und auch $'A\vartheta\eta\nu\alpha\iota\omega\nu\ \pi o\lambda\iota\tau\epsilon\iota\alpha$ S. 76 zu lesen, dass erst Perikles den Richtersold eingeführt hat. Der Verfasser widerspricht sich also selbst, wenn er vor Perikles 6000 Richter als Soldempfänger erwähnt. Ein solcher Widerspruch ist nur dann zu erklären, wenn er an beiden Stellen verschiedene Quellen benutzte und nicht bemerkte, dass die Aussagen dieser Quellen miteinander nicht in Einklang standen.

Er zeigt mithin gegenüber den schlechten Quellen, die er zuweilen benutzt hat, einen Mangel an Kritik; aber auch aus seinen guten Quellen weiss er nicht den Gewinn zu ziehen, den sie ihm bieten konnten. Eine der besten Quellen, die er benutzt hat, sind die solonischen Gedichte. Aus dem solonischen Fragmente, das S. 31 mitgeteilt wird, geht deutlich hervor, dass durch Darlehensschulden, die nicht bezahlt werden konnten, viele Bauern in die Lage gekommen waren, dass sie von den Gläubigern als Knechte in Dienst genommen oder ausser Landes verkauft wurden. Trotzdem wird es S. 3 so dargestellt, als ob die Athener, die ins Ausland verkauft wurden, Pächter gewesen seien, die mit der Pacht im Rückstande geblieben wären, und die beiden Klassen der ländlichen Bevölkerung, die Plutarch (Sol. 13) sorgfältig unterscheidet, werden verwechselt. Dabei erzählt der Verfasser S. 15|6, dass Solon die schwebenden Darlehensschulden erliess und eine gewisse Art von Darlehensverträgen für die Zukunft verbot, erkennt also indirekt an, dass Darlehensschulden die Ursache des ländlichen Notstandes und die Bauern, nicht wie er S. 3 angiebt, die Pächter der notleidende Stand waren.

S. 26 wird als ein besonders demokratischer Zug der solonischen Verfassung die Gerichtshoheit des Volkes bezeichnet. „Denn wenn das Volk Herr des richterlichen Stimmsteines wird, wird es Herr des Staates." Nun unterliegt es keinem Zweifel, dass schon Solon dem Volke einen gewissen Anteil an der Gerichtsbarkeit gegeben hat, und wenn es S. 19 heisst, dass zu den Volksgerichten auch die Theten Zutritt hatten, so hat das nicht das geringste Bedenken gegen sich. Aber alle politisch wichtigen Prozesse waren nach der eigenen Aussage des Verfassers (S. 25) dem Areopage vorbehalten; wenn er trotzdem die Volksgerichte als ein Mittel bezeichnet, durch welches das Volk den Staat beherrschte, so weiss er aus den von ihm mitgeteilten Thatsachen nicht die richtigen Konsequenzen zu ziehen.

S. 53—56 wird die kleisthenische Neuordnung der Demen und Phylen beschrieben. Dass die Demen an die Stelle der Naukrarieen traten, wird erst S. 56 angegeben, nachdem vorher mancherlei über die Organisation der Demen gesagt ist. S. 55 wird gesagt, dass Kleisthenes zu Gemeindebürgern diejenigen machte, die in einer Gemeinde ihren Wohnsitz hatten. Dass bis dahin in einer Gemeinde Bürgerrecht hatte, wer ihr durch Abstammung angehörte, wird dabei weder hier noch vorher erwähnt. Ebenda werden Neubürger erwähnt, die zu den Demen gehörten, zu den älteren, auf Herkunft gegründeten Gemeinden aber nicht gehört hatten. Wer diese Neubürger waren, wird nicht gesagt. Zufällig berichtet es uns Aristoteles, der (Politik III S. 1275 b. 36) erzählt, dass Kleisthenes viele Freigelassene und Fremde in die Phylen aufnahm. Die wichtige Thatsache, dass diese das Bürgerrecht durch Kleisthenes erhalten haben, lässt sich in der Ἀθηναίων πολιτεία nur mühsam zwischen den Zeilen lesen. S. 54 wird erzählt, dass man seit Kleisthenes nicht mehr nach der Phyle fragte, wenn man die Zugehörigkeit zu einem Geschlechte prüfte. Was aber dieser Grundsatz zu bedeuten hatte, ist aus den Angaben der Ἀθηναίων πολιτεία kaum verständlich. Vermutlich ist es auf folgende Weise zu erklären. Vor Kleisthenes gehörten alle Genossen eines Geschlechtes zu derselben Phyle; wenn also jemand sein Geschlechtsrecht nachweisen wollte, wurde er zunächst gefragt, ob er zu der Phyle gehörte, von der das Geschlecht einen Teil bildete. In der kleisthenischen Zeit konnten unter Umständen die Genossen desselben Geschlechtes über ganz Attika zerstreut sein, und jeder wurde in diejenige von den neuen Phylen aufgenommen, in deren Bezirke er gerade seinen Wohnsitz hatte. Da die Geschlechtsverbände unverändert fortbestanden, so konnten fortan in demselben Geschlechte Angehörige der verschiedenen Phylen vereinigt sein. Es liess sich also aus dem Umstande, dass jemand zu dieser oder jener Phyle gehörte, nicht mehr schliessen, dass er zu diesem oder jenem Geschlechte gehören oder nicht gehören konnte.

Diese Verhältnisse, über die der Verfasser der Ἀθηναίων πολιτεία in seinen Quellen gute Nachrichten gehabt zu haben scheint, hat er nur recht mangelhaft und kaum verständlich dargestellt. Eine geringe Fähigkeit, das Wesentliche an einer Sache zu sehen und klar hervorzuheben, zeigt er auch in dem, was er S. 75 über die Einführung des Richtersoldes durch Perikles erzählt. Er berichtet, Perikles habe den Richtersold eingeführt, um das Volk durch eine materielle Wohlthat auf Staatskosten an sich zu fesseln, da sein Privatvermögen es ihm nicht ermöglichte, mit Kimon an Freigebigkeit zu wetteifern. Ob man Perikles eine so niedrige Handlungsweise zutrauen kann, soll hier nicht erörtert werden. In einer Verfassungsgeschichte war es jedenfalls wichtiger, die Bedeutung klarzulegen, welche ein Institut im Zusammenhange der ganzen Verfassung hat, als die zufälligen Umstände zu erzählen, unter denen es eingeführt wurde. Aristoteles (Polit. IV S. 1297 b 35 fg.) empfiehlt ein System, bei dem die Unbemittelten für ihre Teilnahme an Volksversammlung und Gericht Sold empfangen, die Wohlhabenden, falls sie sich nicht beteiligen, bestraft werden. Er erkennt also den Gerichts- und sogar den Versammlungssold in gewissen Grenzen als berechtigt an. Die ausgebildeten Demokratieen wie die athenische können nach seiner Ansicht (Polit. VI, S. 1320 a 17 fg.) ohne Richter- und Versammlungssold kaum bestehen. Es verrät also nicht den Geist eines Aristoteles, wenn eine Institution, die nach Ansicht des Philosophen in der Konsequenz der Demokratie lag, aus den persönlichen Verhältnissen des Politikers, der sie eingeführt hat, in ihrem Ursprunge erklärt wird, ohne dass ihr Zusammenhang mit dem Wesen der Demokratie irgendwie angedeutet würde.

Der Eindruck, den uns die Schrift vom Staate der Athener macht, hat sich im Laufe der Untersuchung verschoben. Anfangs traten uns Stellen entgegen, an denen gute Quellen mit selbständigem Urteil verarbeitet sind. Nachher stellte sich heraus, dass der Verfasser die besten Quellen, die ihm zugänglich waren, nicht oder höchstens in ganz vereinzelten Fällen benutzt hat, dass unter seinen Quellen ihm manche recht verkehrte und wertlose Nachrichten boten, die er ohne Kritik wiedergiebt, und dass er auch den Angaben der guten Quellen ein mangelhaftes Verständnis entgegenbringt. Wie lässt es sich erklären, dass gute und schlechte Bestandteile auf diese Weise in derselben Schrift vereinigt sind?

Vielleicht zeigen uns die Bemerkungen, die Usener (Pr. Jahrb. 51 S. 18 fg.) über die Organisation der wissenschaftlichen Arbeit in der peripatetischen Schule macht, den Weg, den Ursprung der Ἀθηναίων πολιτεία zu verstehen. Usener führt aus, dass ein so gewaltiges Werk, wie es die Darstellung von mehreren hundert bestehenden Staatsverfassungen mit ihren Vorgeschichten war, sich nur durch die gemeinsame Arbeit eines ganzen Kreises von Gelehrten vollbringen liess. Den Stoff zu einem solchen Sammelwerke fand man in der reichen Bibliothek, die Aristoteles besass (vgl. von Wilamowitz, Antigonos von Karystos S. 284); Aristoteles selbst übertrug jede einzelne Arbeit demjenigen, der ihm geeignet schien, und leitete ihn an.

Wenn die aristotelischen Politieen auf diese Weise entstanden sind, so verstehen wir es, warum die Schrift vom Staate der Athener Bestandteile von so verschiedenem Werte enthält. Aristoteles wies den Verfasser auf einige gute Quellen hin, und lehrte ihn, einzelne in diesen Quellen berichtete Thatsachen richtig zu würdigen. Aber der Verfasser war nicht fähig, selbständig im Geiste des Meisters weiter zu arbeiten; er vergriff sich in der Auswahl der Quellen, er wusste auch die Thatsachen, die er in guten Quellen fand, nicht in den gehörigen Zusammenhang zu stellen.

Dass die Politieen in der peripatetischen Schule entstanden sind, hat viele Wahrscheinlichkeit für sich. Simplicius (in cat. f. 4) beruft sich auf die echten Politieen des Aristoteles. Nach seiner Ansicht hatten also die aristotelischen Politieen verschiedene Verfasser, von welchen Aristoteles einer war. Von seinen Schülern hat Theophrast Gesetze, Dikaearch Politieen geschrieben. Die Annahme, dass Dikaearchs Politieen zu denen gehört haben, welche dem Aristoteles zugeschrieben wurden, ist allerdings ausgeschlossen, da Cicero sowohl die aristotelischen wie die dikaearchischen Politieen citiert, also beide von einander unterscheidet. Von den älteren Peripatetikern haben noch Aristoxenos und Phanias ähnliche Studien getrieben; eine besondere Uebereinstimmung mit der Schrift vom Staate der Athener lässt sich in ihren Fragmenten allerdings nicht nachweisen. Doch welchen Wert hat es, sich an einzelne Namen zu klammern, wo zweifellos viele zu derselben Schule gehört haben, deren Namen verschollen sind?

Dass der Verfasser der Ἀθηναίων πολιτεία unter dem Einflusse des Aristoteles gestanden hat, davon sind deutliche Spuren kenntlich. Zunächst werden in der Schrift verschiedene Thatsachen erzählt, die Aristoteles kannte. S. 14 wird berichtet, dass Solon seinem Vermögen nach zum Mittelstande gehörte; Aristoteles (Polit. IV S. 1296 a 19) hebt hervor, dass Solon wie alle guten Gesetzgeber aus dem Mittelstande hervorgegangen ist. S. 44 wird erzählt, dass Peisistratos sich einst einem Ankläger vor dem Areopag stellte; dasselbe erwähnt fast mit denselben Worten Aristoteles (Polit. V S. 1315b 21). Auch was Aristoteles (Polit. V 1311a 36 fg.) über Harmodios und Aristogeiton sagt, kann aus derselben Quelle stammen wie die Erzählung in der Ἀθηναίων πολιτεία.

Auf Übereinstimmung in thatsächlichen Angaben lassen sich deshalb keine weitgehenden Schlüsse bauen, weil dieselben Thatsachen in verschiedenen Quellen erzählt, auch allgemein bekannt gewesen sein können. Wichtiger ist schon, dass sich aristotelische Ausdrücke, wie z. B. ἀριστίνδην und πλουτίνδην in der Ἀθηναίων πολιτεία wiederfinden; denn in der aristotelischen Terminologie spiegeln sich aristotelische Gedanken wieder. Aber ganz unmittelbar lässt sich nachweisen, dass der Verfasser in seiner historischen

Auffassung durch Aristoteles beeinflusst ist. Aristoteles (Polit. IV S. 1292 b 25 fg.) erklärt es für den Vorzug einer kleinbäuerlichen Bevölkerung, dass sie genug hat, um zu leben, aber dabei durch die harte Arbeit, mit der sie ihr Brot erwerben muss, verhindert wird, sich mehr als dringend notwendig um Staatsangelegenheiten zu kümmern. Noch ausführlicher äussert er sich Polit. VI S. 1318 b 19 fg.: „Denn der gesundeste Bestandteil der Bevölkerung ist das Landvolk, sodass es sogar möglich ist, eine Demokratie zu begründen, wo die Menge von Ackerbau oder Viehzucht lebt. Weil sie nämlich kein grosses Vermögen besitzen, sind sie beschäftigt, sodass sie keine Zeit haben, oft die Volksversammlung zu besuchen; weil sie aber andererseits den notwendigen Lebensunterhalt haben, bleiben sie bei ihrer Arbeit und trachten nicht nach fremdem Gute. Vielmehr ist es ihnen lieber zu arbeiten als Politik zu treiben und Staatsämter zu verwalten, sofern nicht die Ämter grosse Einkünfte abwerfen." In der Schrift vom Staate der Athener wird erzählt (S. 43), Peisistratos habe die ärmeren Grundbesitzer unterstützt, teils damit sie sich nicht in der Stadt aufhielten, sondern auf dem Lande zerstreut blieben, teils damit sie zufrieden mit mässigem Besitze und mit ihren eigenen Angelegenheiten beschäftigt, weder Lust noch Zeit hätten, sich um Staatsgeschäfte zu kümmern. Dieselben Vorzüge der kleinbäuerlichen Bevölkerung, die Aristoteles hervorhebt, sind also nach Angabe der Ἀθηναίων πολιτεία für Peisistratos massgebend gewesen, als er dieser Bevölkerung seine Fürsorge angedeihen liess.

Wenn sich auf diese Weise der Verfasser der Schrift vom Staate der Athener mit aristotelischen Gedanken vertraut zeigt, wenn er an anderen Stellen einen Mangel an Kritik und historischem Verständnis an den Tag legt, der des Meisters nicht würdig ist, so haben wir ein anschauliches Beispiel der Art zu arbeiten vor uns, die Usener als charakteristisch für die peripatetische Schule geschildert hat. Der Lehrer zeigt dem Schüler den Weg, begleitet ihn für eine kurze Strecke und lässt ihn dann allein weiter gehen oder stolpern. Indessen ist es fraglich, ob der merkwürdige Abstand zwischen wertvollen und wertlosen Bestandteilen in der Ἀθηναίων πολιτεία allein aus dieser Arbeitsweise zu erklären ist. Er kann wenigstens zum Teil auch in der verschiedenen Beschaffenheit der vom Verfasser benutzten Quellen seinen Grund haben.

Schon an den von ihm gesammelten Fragmenten hat Rose (Aristot. pseudepigr. S. 393) die Beobachtung gemacht, dass die in der Ἀθηναίων πολιτεία verarbeitete Überlieferung denselben Charakter trug wie diejenige, welche in den Atthiden fortgepflanzt wurde. Diese Beobachtung wird durch den Inhalt der vollständigen Schrift durchaus bestätigt. Allerdings konnte derjenige unter den Atthidographen, der auf die späteren Geschichtschreiber den stärksten Einfluss ausgeübt hat, von dem auch die meisten Fragmente erhalten sind, Philochoros, dem Verfasser nicht als Quelle dienen, da die Atthis des Philochoros später abgefasst ist als die Schrift vom Staate der Athener. Trotzdem ist es nicht ohne Wert, die Fragmente des Philochoros mit unserer Schrift zu vergleichen; denn ein solcher Vergleich zeigt, dass Philochoros und der Verfasser unserer Schrift aus derselben Überlieferung schöpften. Z. B. wird von Philochoros (Fr. 17) die ausgedehnte richterliche Kompetenz, die der Areopag ursprünglich besass, ähnlich charakterisiert wie in der Ἀθηναίων πολιτεία (S. 24). Was Philochoros (Fr. 33) von dem Beistande weiss, den Ion den Athenern gegen Eumolpos leistete, stimmt durchaus zu einer Angabe unserer Schrift (S. 5). Den Zweck des Ostrakismos fasste Philochoros (Fr. 79 b) ebenso auf wie der Verfasser der Ἀθηναίων πολιτεία (S. 59). Wiederholt werden Philochoros (Fr. 65, 67, 68) und Aristoteles vom Staate der Athener als Zeugen für dieselben Behauptungen citiert. Die Stellen der Ἀθηναίων πολιτεία, auf welche sich diese Citate beziehen, sind allerdings im Londoner Texte nicht erhalten. Aber es unterliegt keinem Zweifel, dass sie sich im verlorenen Teile der Schrift finden würden.

In allen Fällen, wo Philochoros mit der Schrift vom Staate der Athener übereinstimmt, lässt sich nicht annehmen, dass Philochoros unsere Schrift benutzt hat; denn seine Atthis war weit ausführlicher und aus ausführlicheren Quellen geschöpft. Zuweilen hat er auch über Begebenheiten, die in der Ἀθηναίων πολιτεία erwähnt werden, Nachrichten aufgenommen, die der Verfasser unserer Schrift entweder nicht kannte oder verwarf. Anders als dieser (S. 15) versteht Philochoros (Fr. 57) den Ausdruck Seisachtheia. Nach Philochoros (Fr. 70) vollendeten die Alkmeoniden den Neubau des delphischen Tempels erst nach dem Siege über die Peisistratiden, während nach Angabe der Ἀθηναίων πολιτεία dieser Neubau ein Mittel war, das delphische Orakel für den Kampf gegen die Peisistratiden zu gewinnen.

Wenn so Philochoros von unserer Schrift in einzelnen Fällen abweicht, während er in anderen mit ihr übereinstimmt, so lässt sich annehmen, dass beide Verfasser aus derselben Gruppe von Quellen bald die gleichen bald verschiedene Nachrichten nahmen. Wertvoll würde es vor allem sein, diese gemeinsamen Quellen näher kennen zu lernen. Von den Atthidographen, deren Namen erhalten sind, haben Kleidemos und Phanodemos jedenfalls, Androtion und Demon vielleicht ihre Chroniken zu einer solchen Zeit geschrieben, dass sie in der Schrift vom Staate der Athener benutzt werden konnten. Unter den 26 Fragmenten des Phanodemos, die Müller gesammelt hat, habe ich keines gefunden, das einen Vergleich mit dieser Schrift möglich machte. Von Kleidemos vermag ich nur zu sagen, dass seine Atthis wenigstens an zwei Stellen andere Nachrichten bot als die Ἀθηναίων πολιτεία. Die Naukrarieen hat Kleisthenes nach Kleidemos (Fr. 8) eingerichtet, nach der Ἀθηναίων πολιτεία (S. 56) abgeschafft. Die Gelder, aus welchen vor der Schlacht bei Salamis die Flottenmannschaften ihren Sold empfingen, hatte nach Kleidemos (Fr. 13) Themistokles in irgend einem abgelegenen Winkel entdeckt, nach der Ἀθηναίων πολιτεία (S. 55) der Areopag beschafft. Der einzige unter den älteren Atthidographen, der eine auffallende Uebereinstimmung mit der Ἀθηναίων πολιτεία zeigt, ist Androtion. Was er (Fr. 5) über Hipparchos, den Sohn des Charmos, erzählt, den ersten, der durch Ostrakimos aus Attika verwiesen wurde, stimmt fast wörtlich mit dem überein, was wir in unserer Schrift (S. 59) lesen. Wo beide Texte von einander abweichen, ist aller Wahrscheinlichkeit der Text Androtions verdorben. Auch an kleineren Anklängen an die Ἀθηναίων πολιτεία fehlt es bei Androtion nicht. (Vgl. Androtion Fr. 10 mit Ἀθ. πολ. S. 98, Fr. 42 mit Ἀθ. πολ. S. 42, Fr. 43 mit Ἀθ. πολ. S. 77.) Dass Androtion die Schrift vom Staate der Athener benutzt hat, ist nicht wahrscheinlich, da er wie Philochoros ausführlichere Quellen brauchte. Dagegen hindert nichts, in Androtion einen der Gewährsmänner zu sehen, denen der Verfasser unserer Schrift folgt. Denn es ist nach den überlieferten Daten die Annahme durchaus zulässig, ja fast wahrscheinlich, dass Androtions Atthis vor der Ἀθηναίων πολιτεία entstanden ist.

Aber neben Androtion müssen andere Quellen benutzt sein. Die solonische Seisachtheia wurde von Androtion (Fr. 40) anders aufgefasst als in unserer Schrift (S. 15); er sah in ihr nicht eine vollständige Schuldentilgung, sondern nur einen Zinsnachlass. Wer etwa von den uns bekannten Atthidographen neben Androtion benutzt sein kann, darüber wird sich vielleicht Genaueres feststellen lassen, wenn die Fragmente der Atthiden nicht bloss, wie ich vorstehend versucht habe, mit dem historischen, sondern auch mit dem systematischen Teile der Schrift eingehend verglichen sind.

√ Aber schon ehe diese Untersuchung durchgeführt ist, lässt sich sagen, dass der Inhalt der Ἀθηναίων πολιτεία in erster Linie aus den älteren Atthiden geschöpft ist. Wenn auf Wilamowitz (Aus Kydathan S. 118, 119, 121, 122) die Fragmente den Eindruck machten, dass unsere Schrift aus populärer Tradition und gelehrter Konstruktion gemischt sei, so zeigt sich jetzt, dass dieser Eindruck durchaus zutreffend gewesen ist. Dieselben beiden Elemente aber, eine volkstümliche Ueberlieferung und eine rationalistische Kritik, finden wir in den Fragmenten der Atthidographen vereinigt. In einem Punkte freilich hat sich die frühere Ansicht von Wilamowitz nicht bestätigt. Er nahm an, in der Schrift vom Staate der Athener sei eine einheitliche, gewissermassen offizielle Überlieferung wiedergegeben, deren Ursprung er in „der Atthis", „der Chronik" oder auch „dem Stadtbuche" suchte. Eine solche Überlieferung hat allerdings den Stock der Atthiden gebildet; die wertvollen chronologischen Angaben stammen zweifellos aus chronikartigen, halboffiziellen Aufzeichnungen. Aber ehe die Schrift vom Staate der Athener entstand, war jener Kern alter Tradition bereits Gegenstand gelehrter Arbeit gewesen; und die Gelehrten waren damals so wenig wie heute einer Meinung. Sie knüpften an die dürftigen Thatsachen der Ueberlieferung eine Reihe von Kontroversen; zwischen ihren widersprechenden Ansichten und Behauptungen musste sich der Verfasser der Ἀθηναίων πολιτεία entscheiden, falls er es nicht vorzog, zwiespältige Nachrichten zum Teil mit ihren Begründungen wiederzugeben. Dabei hat er in der Wahl der Gewährsmänner, denen er sich anvertraute, nicht immer das gleiche Glück gehabt; und zuweilen ist es ihm begegnet, dass er nicht bemerkte, wie zwei Quellen, die er an verschiedenen Stellen benutzte, miteinander nicht in Einklang standen.

Für die solonische Zeit hat er neben den solonischen Gedichten eine Reihe erzählender Quellen benutzt, auf deren Einstimmigkeit er sich S. 28 beruft. Die schon wiederholt erwähnte Anekdote von den Freunden Solons, die seine Stellung missbrauchten, um sich zu bereichern, fand er in diesen Quellen verschieden erzählt. Einige meinten, Solon habe sich an den Betrügereien seiner Freunde, die kurz vor dem allgemeinen Schuldenerlass Güter zusammenkauften, selbst beteiligt. Die demokratisch gefärbten Quellen dagegen behaupteten, Solon sei von seinen Freunden hintergangen worden. Der Verfasser entscheidet sich für die letzteren, da er ihre Ansicht dem Charakter Solons mehr entsprechend findet. Merkwürdig genau verzeichnet er die Widersprüche der Quellen in der Geschichte der Peisistratiden. In einem ganz nebensächlichen Punkte werden S. 41 der Angabe Herodots, der hier vielleicht direkt, vielleicht auch durch Vermittelung einer Athis benutzt wird, andere Quellen gegenübergestellt (vgl. oben S. 24). S. 46 werden verschiedene Angaben verzeichnet über die Zeit, zu der Peisistratos seine argivische Gemahlin heiratete. Die Katastrophe des Harmodios und Aristogeiton wird S. 46—49 abweichend von Thukydides erzählt, gegen den der Verfasser sogar ausdrücklich polemisiert. (Vgl. oben S. 24.) Ueber das Verhör Aristogeitons lagen (S. 48.9) ihm widersprechende Quellen vor; nach einigen Quellen waren die Freunde des Tyrannen, die Aristogeiton als Mitverschworene nannte, wirklich eingeweiht; nach Ansicht der demokratischen Quellen dagegen wollte Aristogeiton den Tyrannen dahin bringen, dass er Unschuldige bestrafte, um ihn in Schuld zu verstricken.

Aber nicht bloss, wie ja unvermeidlich, thatsächliche Angaben, auch Urteile werden nach den Quellen wiedergegeben, so z. B. S. 76 der gegen Perikles erhobene Vorwurf, er habe es durch Einführung des Richtersoldes verschuldet, dass die besseren Elemente aus den Volksgerichten verdrängt wurden. Zeigt sich hierin ein recht enger Anschluss an die Gewährsmänner, so ist es nur natürlich, dass deren Ansichten zuweilen mit ihren Gründen angegeben werden. So waren die Ansichten geteilt, ob das Amt des Archon unter Medon oder unter Akastos eingeführt war; als Grund, der für die letztere Ansicht sprach, verzeichnet der Verfasser (S. 6) nach einigen seiner Quellen den Eid, in welchem der Archon schwur, seines Amtes zu walten wie unter Akastos. Über die Steuerklasse der Ritter bestand die Kontroverse, ob zu ihr gehörte, wer ein Pferd unterhalten konnte, oder, wer mindestens 300 Medimnen jährlich erntete. Für die erste Ansicht fand der Verfasser (S. 19) in einigen seiner Quellen den Grund angeführt, dass neben dem in früher Zeit geweihten Bilde eines Atheners, der sich seiner Zugehörigkeit zur Ritterklasse rühmt, ein Pferd als Symbol dieser Zugehörigkeit abgebildet war. Er entscheidet sich aber für die entgegengesetzte Ansicht, da die Zugehörigkeit zu den übrigen Steuerklassen nach den Ernteerträgen bestimmt war.

Wenn der Verfasser Quellen benutzte, in denen bereits Darstellung und Kritik verbunden waren, in denen Ansichten mit Gründen vorgetragen wurden, wenn er zuweilen Gründe mit Berufung auf seine Gewährsmänner vorträgt, so lässt sich wohl annehmen, dass er auch manche Gedanken, für die er keinen Gewährsmann anführt und die wir zunächst geneigt sind, für sein geistiges Eigentum zu halten, den von ihm benutzten Quellen entlehnt hat. Seine guten Gedanken werden, soweit er sie nicht seinem Meister verdankt, wie seine guten Nachrichten auf Rechnung seiner guten Quellen zu setzen sein, während seine schlechten Nachrichten den schlechten Quellen und seiner eigenen Urteilslosigkeit zur Last fallen. Wie eng er sich an seine Gewährsmänner anschloss, zeigt sich auch in gewissen Mängeln der Disposition, die sich am besten daraus erklären, dass er eine Thatsache nicht in dem Zusammenhange darstellte, in den sie aus inneren Gründen gehörte, sondern in dem, welchen ihm zufällig seine Quellen boten. Die ursprüngliche Verfassung wird S. 3 unmittelbar vor der Gesetzgebung Drakons dargestellt, während sie der Natur der Sache nach dem Leser früher mitgeteilt werden musste als die Ereignisse der Zeit, während deren sie bestand. Die soziale Not der vorsolonischen Zeit wird vor der Gesetzgebung Drakons geschildert, obgleich sie, wie sich S. 13 zeigt, auf Drakons Gesetze durchaus keinen Einfluss hatte und erst kurz vor Solon Ursache eines Konfliktes zwischen den verschiedenen Parteien wird. S. 23 wird nachträglich erwähnt, dass die Archonten ursprünglich durch den Areopag gewählt wurden; davon ist bei der Schilderung der ältesten Verfassung nichts gesagt. Nachdem die vergeblichen und die erfolgreichen Kämpfe der Befreier gegen die Tyrannen umständlich erzählt sind, wird S. 53 in ganz anderem Zusammenhange nachgetragen, dass auch ein gewisser Kedon sich gegen die Tyrannen empört hat.

Mängel dieser Art erklären sich ohne Schwierigkeit, wenn der Verfasser sich in jedem Falle eng an die Quelle oder die Gruppe von Quellen anschloss, die ihm gerade vorlag. Dass er sich an manchen Stellen in hohem Grade abhängig von seinen Gewährsmännern zeigt, wird man wohl allgemein zugeben. Aber man wird fragen, ob nicht auch Aristoteles in vielen Fällen seine Quellen treu wiedergegeben habe. Man wird die nachgewiesenen Mängel nicht als einen Grund anerkennen, um dessen willen man die Schrift dem Aristoteles absprechen dürfe. Die Aufgabe, eine Verfassungsgeschichte auf Grund eines weitschichtigen Materials zu schreiben, ist ja in der That so gross, dass auch ein Historiker ersten Ranges sie nicht mit einem Schlage lösen kann. Auch ihm wird es begegnen, dass er Widersprüche seiner Quellen nicht bemerkt, nicht alle Thatsachen in ihre Konsequenzen verfolgt, nicht alle Anstösse beseitigt. Die Anklänge an Aristoteles, die sich in der Ἀθηναίων πολιτεία ohne Schwierigkeit in grösserer Zahl, als oben geschehen, werden nachweisen lassen, wird man als Beweise dafür anführen, dass Aristoteles die Schrift verfasst hat.

Dass nicht jeder Mangel an Kritik, der sich in einem Werke entdecken lässt, einen genügenden Grund abgiebt, um Aristoteles als Verfasser für ausgeschlossen zu erklären, ist ohne weiteres zuzugestehen. Aber zu einem kritischen Studium der athenischen Geschichte hatten die älteren Atthidographen bereits so achtungswerte Anfänge gemacht, dass die groben Verstösse, die in der Schrift vom Staate der Athener vorkommen, einem Meister der Kritik wie Aristoteles nicht begegnen konnten, wenn er die Arbeiten seiner Vorgänger gründlich verwertete. Nur in einem Falle wäre es möglich, sich Aristoteles als Verfasser einer Schrift wie der vorliegenden zu denken, wenn es ihm nicht darauf ankam, die Wissenschaft zu fördern, sondern nur, Ergebnisse der Wissenschaft in populärer Form dem grossen Publikum mitzuteilen. Dass die Schrift vom Staate der Athener für ein grosses Publikum bestimmt war, liess sich ja schon wegen ihres stilistischen Charakters und ihres rein stofflichen Inhaltes annehmen. Wenn Aristoteles eine solche Arbeit lieferte, hat er vielleicht weniger gründlich gearbeitet, als es sonst seine Art war; so konnte es ihm begegnen, dass er Anstösse nicht bemerkte, die er in einer streng wissenschaftlichen Arbeit beseitigt haben würde, dass er Thatsachen unberücksichtigt liess, mit denen er sich an anderen Stellen (oben S. 19) vertraut zeigt. Denn es mochte ihm überflüssig scheinen, für ein populäres Buch alle seine Notizenhefte nachzuschlagen.

Unmöglich wäre es an sich nicht, dass die Schrift auf diese Weise entstanden wäre. Wer sich ihren Ursprung so vorstellt, wird sich nur eine Konsequenz klar machen müssen. Wenn Aristoteles in diesem Falle nicht mit derjenigen Gründlichkeit gearbeitet hat, die ihn sonst auszeichnet, so kann er auch nicht diejenige Autorität beanspruchen, die ihm sonst zugestanden wird. Eine Angabe, die wir in der Schrift vom Staate der Athener finden, hat dann nur die Autorität eines Verfassers hinter sich, der zum Teil gute Quellen benutzt, diese Quellen jedoch flüchtig verarbeitet hat.

Zum Glücke aber lässt sich die Frage, ob Aristoteles die Schrift vom Staate der Athener verfasst hat, bestimmt beantworten. Schon oben habe ich darauf hingewiesen, dass dasjenige Kapitel der aristotelischen Politik, welches von Gesetzgebern und unter diesen von Drakon und Solon handelt, in zwei Punkten mit der Ἀθηναίων πολιτεία nicht im Einklange steht. Nach Angabe der Politik (II S. 1274 b 15) hat Drakon die athenische Verfassung nicht verändert, nach der Ἀθηναίων πολιτεία (S. 10/11) hat er den Athenern eine neue Verfassung gegeben. Nach Angabe der Politik (II S. 1273 b 40 1274 a 16) hat Solon Wahl der Beamten durch das Volk eingeführt oder bestehen lassen; nach der Ἀθηναίων πολιτεία (S. 22) hat er einen aus Wahl und Los kombinierten Modus der Beamtenbestellung angeordnet. Diese Widersprüche sind dem englischen Herausgeber nicht entgangen; sie erscheinen ihm aber unbedenklich, da er das Kapitel der aristotelischen Politik, in welchem er die Übereinstimmung mit der Ἀθηναίων πολιτεία vermisst, für interpoliert hält. Nun hat allerdings Göttling (S. 345/6 seiner Ausgabe) auf die Echtheit dieses Kapitels einen heftigen Angriff eröffnet; sein Angriff ist aber von Spengel (Abh. d. München. Akad. Philos. philol. Kl. V S. 11 A. 11) und Nickes (De Aristot. polit. libr. S. 11) mit guten Gründen zurückgewiesen worden. S. 1269 a 29 kündigt Aristoteles seine Absicht an, noch weitere Politieen zu besprechen; diese Besprechung würde fehlen, wenn das Schlusskapitel des zweiten Buches gestrichen wird. Dass dies Kapitel an stilistischen Mängeln und lästigen Wiederholungen leidet, muss zugegeben werden; das ist aber bei einem Werke, dessen Stil und Disposition so viele Schwierigkeiten bieten wie die aristotelische Politik, kein Grund zur Athetese. Wenn aber das fragliche Kapitel echt ist, so befindet sich der Verfasser der Ἀθηναίων πολιτεία an zwei Stellen im Widerspruche mit Aristoteles.

Es bleibt immer etwas Missliches, einen Beweis auf Stellen zu gründen, deren Echtheit von angesehenen Philologen beanstandet wird. Aber auch an einer unbestritten echten Stelle (Polit. III S. 1281 b 33) sagt Aristoteles, dass Solon dem Volke die Wahl der Beamten übertrug; auch mit dieser Stelle steht also die Angabe der Ἀθηναίων πολιτεία, Solon habe Losung der Beamten eingeführt, nicht im Einklange. Aristoteles (Polit. V S. 1310 b 37) sieht noch zur Zeit des Kodros im kriegerischen Oberbefehl den Hauptinhalt der königlichen Gewalt, da nach seiner Ansicht durch seine kriegerischen Erfolge Kodros die Königswürde erlangt hat; nach Angabe der Ἀθηναίων πολιτεία (S. 5) waren schon zur Zeit Ions die kriegerischen Funktionen des Königs auf den Polemarchen übergegangen. Nach dem Zeugnisse des Aristoteles (Politik VI S. 1319 b 11 fg.), das jetzt durch die Urkunden bestätigt wird, hat Kleisthenes nicht allein die Phylen und Demen, sondern auch die Phratrieen und Gottesdienste verändert; denn er bezeichnet es als ein geeignetes Mittel, um eine Demokratie zu befestigen, wenn man es mache wie Kleisthenes und die Begründer der Demokratie in Kyrene, nämlich neue Phylen, Demen und Phratrieen einrichte und die privaten Gottesdienste in wenigen öffentlichen vereinige; nach Angabe der Ἀθηναίων πολιτεία

(S. 56) hat Kleisthenes die Phratrieen und die Gottesdienste unverändert gelassen. Widersprüche wie die, welche soeben nachgewiesen, ja selbst kleinere Anstösse würden zweifellos für die meisten Herausgeber genügen, um eine Stelle für interpoliert zu erklären. Indessen hindert uns nichts, vorsichtiger zu sein als die meisten Herausgeber. Daher soll anerkannt werden, dass in den nachgewiesenen Widersprüchen allein kein ausreichender Grund liegen würde, die Schrift vom Staate der Athener dem Verfasser der Politik abzusprechen. Aristoteles kann, nachdem er seine Studien für die Politik abgeschlossen hatte, die Arbeiten der Zeitgenossen auf dem Gebiete der athenischen Geschichte weiter verfolgt, er kann seine Ansicht über wichtige Fragen der athenischen Geschichte geändert haben. Aber dass er sein politisches Urteil über den Wert der athenischen Verfassung geändert habe, ist unmöglich; und dieser Wandel müsste sich in ihm vollzogen haben, wenn er der Verfasser der Schrift vom Staate der Athener wäre.

Allerdings findet Diels die in der $Ἀθηναίων\ πολιτεία$ ausgesprochenen politischen Ansichten mit der aristotelischen Politik im Einklange, wenn er schreibt: „Aufrechten Hauptes steht er da, jeder Zoll ein Aristokrat, der den Theramenes eifrig in Schutz nimmt und seiner antidemokratischen Gesinnung kein Hehl hat. Aber indem er, den Blick auf die $ἀρίστη\ πολιτεία$ gerichtet, mit edlem Freimut auf die Schäden der Demokratie hinweist und auf seine Zeit, die er aus der geschichtlichen Betrachtung des ersten Teiles ausschliesst, ironische Schlaglichter fallen lässt, bewahrt er sich doch ein warmes Herz für alles, was der athenische Demos edles vollbracht hat. So zollt er der Gesinnung der 403 hergestellten Verfassung seinen Beifall." Dass in der Geschichte des fünften Jahrhunderts Schäden der Demokratie getadelt, oligarchische Politiker gelobt werden, ist richtig. S. 75 wird Perikles ungünstig beurteilt, S. 76 das Treiben der Demokraten nach seinem Tode und vor allem S. 91 die wüste Demagogie während der letzten Jahre des peloponnesischen Krieges scharf verurteilt. Gerühmt werden S. 79/80 Nikias, Thukydides und Theramenes, S. 89 die Vierhundert, lauter Gegner der Demokratie. Gerühmt wird auch S. 65/6 der Zustand Athens unter der Herrschaft des Areopages. Diese Urteile beweisen aber für die politische Gesinnung des Verfassers nichts, denn wir können nicht wissen, wie weit sie sein Eigentum sind; zum Teil sind sie jedenfalls aus den Quellen übernommen. Dass er ein ungünstiges Urteil über Perikles in einigen Quellen fand, ward bereits bemerkt (S. 42). Für sein günstiges Urteil über Nikias und Thukydides beruft er sich S. 80 ausdrücklich auf die allgemeine Übereinstimmung und fügt zu, dass über Theramenes die Ansichten geteilt sind; dass in der Quelle, aus welcher er die Geschichte der Vierhundert und der Dreissig schöpfte, Theramenes und teilweise auch die Vierhundert in möglichst hellen Farben gemalt waren, hat sich uns schon in anderem Zusammenhange ergeben (oben S. 23).

Während die Stellen, welche eine aristokratische Gesinnung zu verraten scheinen, jedenfalls zum Teil und vielleicht alle nur die politische Tendenz der Quellen widerspiegeln, bekennt sich der Verfasser ausdrücklich als einen Verehrer der demokratischen Institutionen. Dass er S. 103/104 die politische Mässigung und das verfassungsmässige Recht der Demokraten nach ihrem Siege über die Dreissig anerkennt, beweist allerdings nichts; das konnte in der That auch ein Aristokrat, wenn er sich „ein warmes Herz bewahrt hatte für alles, was der athenische Demos edles vollbracht hat". Aber S. 106 lesen wir wörtlich, nachdem alle Wandlungen der athenischen Verfassung von den ältesten Zeiten her aufgezählt sind: „Elftens diejenige

Umgestaltung der Verfassung, welche nach der Rückkehr der Emigranten von Phyle sowie aus dem Peiraieus in Kraft getreten ist und von da ab bis zur Gegenwart beständig zu einer stetigen Mehrung der Befugnisse der grossen Menge geführt hat. Denn über Alles hat der Demos selbst sich in eigener Person zum Gebieter gesetzt, weil die ganze Verwaltung durch Mehrheitsbeschlüsse und gerichtliche Entscheidungen bestimmt wird. Den Ausschlag in beiden giebt aber das Volk, seitdem auch die früher zur Kompetenz des Rates gehörige Gerichtsbarkeit auf die Volksgemeinde übergegangen ist. Und mit Recht, dünkt mir, denn einige wenige lassen sich durch die Aussicht auf materiellen Vorteil und durch persönliche Rücksichten leichter beeinflussen als die grosse Menge."[1])

Es könnte überflüssig scheinen, Stellen der aristotelischen Politik anzuführen, welche den hier vorgetragenen Ansichten widersprechen. Denn die ganze Politik ist in gewissem Sinne eine Kritik derjenigen Institutionen, welche hier gelobt werden. Indessen mag das Überflüssige geschehen. Eine Demokratie, in welcher die Mehrheitsbeschlüsse alles bedeuten und durch keine Gesetze in ihrer Gültigkeit beschränkt sind, schildert Aristoteles (Polit. IV S. 1266 a) im schwärzesten Lichte. Die vollendete Demokratie, unter der er eben vor allem die athenische mit ihrer Allgewalt der Volksbeschlüsse versteht, stellt er (Polit. IV S. 1298 a 29—33) neben die dynastische Oligarchie und die tyrannische Monarchie, also in die Reihe der schlechtesten Verfassungen. Er verurteilt (Polit. IV S. 1293 b 1—6) eine Demokratie, in welcher alle, weil sie dazu Zeit haben, an allen Staatsgeschäften Anteil nehmen. Er empfiehlt (Polit. IV S. 1301 a 11 fg.) eine Gerichtsverfassung, bei welcher der Zutritt zu einigen Gerichtshöfen einer be-

---

*) So übersetzen Kaibel und Kiessling S. 69.

schränkten Zahl, zu anderen allen offen steht, als aristokratisch und politisch, und erklärt im Gegensatze dazu das athenische System, bei welchem alle zu allen Gerichten Zutritt haben, für demokratisch, d. h. in seiner Terminologie für verwerflich.

Wer so über die Institutionen der athenischen Demokratie urteilt wie Aristoteles an diesen und anderen Stellen, kann nicht dieselben Institutionen in der Weise loben, wie der Verfasser der Schrift vom Staate der Athener. Freilich liessen sich auch innerhalb dieser Schrift Widersprüche nachweisen; diese Widersprüche erschienen uns nicht ausreichend, um Aristoteles als Verfasser auszuschliessen; folglich läge der Einwand nahe: Wenn wir es Aristoteles zutrauen, dass er sich innerhalb derselben Schrift widerspricht, warum sollen nicht zwei verschiedene Schriften des Philosophen einander widersprochen haben? Dieser Einwand liesse sich noch mit der unbestreitbaren Thatsache unterstützen, dass uns innerhalb der anerkannt echten Schriften von Aristoteles widersprechende Urteile begegnen, dass mithin Aristoteles öfter seine Ansichten im Laufe der Zeit geändert haben muss.

Es ist wohl nicht wahrscheinlich, dass man diesen Einwand erheben wird. Denn jeder weiss zu scheiden zwischen Widersprüchen, die zulässig, und solchen, die ausgeschlosssen sind. Der Gegensatz gegen die athenische Demokratie nimmt in der aristotelischen Staatslehre eine ähnlich centrale Stellung ein wie die Kritik der platonischen Ideenlehre in der theoretischen Philosophie. So wenig man eine Schrift für aristotelisch halten wird, deren Verfasser sich als Anhänger der Ideenlehre bekennt, ebensowenig kann man Aristoteles für den Verfasser einer Schrift halten, in welcher die demokratischen Institutionen gelobt werden. Aristoteles hat seine Politik nach dem Tode Philipps von Makedonien geschrieben (Polit. V S. 1311 b 1 fg.), also frühestens in einem Alter von annähernd fünfzig Jahren; die Schrift vom Staate der Athener ist mehrere Jahre später entstanden. In solchem Alter pflegt man nicht mehr Ansichten zu ändern, die so reif durchdacht sind, wie die Prinzipien der aristotelischen Staatslehre. Gewiss hat Aristoteles selbst innerhalb der Politik einzelne Fragen nicht immer in gleichem Sinne beantwortet. So schwankt er, ob er die Politeia, die gemässigte Demokratie, noch zu den normalen Verfassungen rechnen soll (wie z. B. Polit. IV 1288 b 28) oder zu einer Klasse, welche eine Mittelstufe zwischen den normalen und entarteten Verfassungen einnimmt (wie Polit. IV S. 1293 b 20 fg.). Aber über die Prinzipien, nach denen er den Wert und Unwert einer Verfassung beurteilt, ist er nicht im Zweifel; diese Prinzipien stehen ihm so fest wie die logischen Kategorieen; und diese Prinzipien werden in der Schrift vom Staate der Athener verleugnet.

Man wird nicht einwenden, dass das Lob der demokratischen Institutionen in dieser Schrift ebensogut aus den Quellen übernommen sein könne und ebensowenig für die Gesinnung des Verfassers beweise wie andere politische Urteile. Gewiss ist es möglich, dass der Verfasser auch an dieser Stelle einem anderen nachschreibt. Aber dass Aristoteles einem anderen gedankenlos etwas nachgeschrieben habe, was mit dem Kern seiner politischen Ansichten in Widerspruch stand, ist unmöglich.

Eher könnte man die Frage aufwerfen, ob nicht in seiner politischen Überzeugung auch ein reifer Mann leichter einen Wandel durchmachen könne als in abstrakt philosophischen Theorieen, da die politische Stellung durch die Begebenheiten des Tages beeinflusst wird. Ein solcher Wandel ist doch aber nur dann möglich, wenn erschütternde Ereignisse den Wert dessen, was man missachtet, oder den Unwert dessen, was man verehrt hat, hell ans Licht stellen.

Solche Ereignisse hat Aristoteles, nachdem er seine politischen Theorieen niedergeschrieben hatte, nicht erlebt. Sein Urteil über das Königtum konnte vielleicht durch das Missverhältnis, das zwischen ihm und seinem Schüler Alexander eintrat, beeinflusst werden. Aber in den griechischen Demokratieen war nichts geschehen, was seine auf reiche Erfahrungen und tiefes Nachdenken gegründete Ansicht über diese Staatsform hätte ändern können. Dass er jemals das Lob der Demokratie gesungen habe, wie wir es in der Schrift vom Staate der Athener lesen, ist so unmöglich, wie dass der Mond bei Tage scheine und die Sonne bei Nacht.

Auffallend genug mag es schon scheinen, dass es einen Schüler des Philosophen gegeben hat, der solche Sätze schreiben konnte. Und ebenso ist es geeignet, Befremden zu erregen, dass Aristoteles auf die Bearbeitung der athenischen Verfassungsgeschichte einen Schüler hingewiesen hat, der dieser Aufgabe so wenig gewachsen war wie der Verfasser der Schrift vom Staate der Athener. Mancher wird es aus diesen Gründen vielleicht vorziehen, den Verfasser ausserhalb der peripatetischen Schule zu suchen.

Indessen sprechen die Anklänge an Aristoteles doch dafür, dass der Verfasser sich an diesen Meister angeschlossen hat. Dass hervorragende Lehrer unbedeutende Schüler heranziehen, ist ja öfter vorgekommen, und wird jedesmal dann vorkommen, wenn, wie im Organismus der peripatetischen Arbeitsgenossenschaft wohl teilweise geschah, der einzelne nicht als selbständige geistige Individualität behandelt wird, sondern gewissermassen als Handlanger in einer wissenschaftlichen Fabrik. Dass ein Schüler die politischen Grundsätze des Meisters verleugnet hat, erklärt sich wohl am leichtesten aus den äusseren Zeitverhältnissen. Begonnen ist die Arbeit unter den Augen des Aristoteles, vollendet vielleicht erst, nachdem Aristoteles Attika hatte verlassen müssen. Als nach dem Tode Alexanders sein Lehrer aus Athen nach Chalkis verbannt wurde, begann für die peripatetische Schule eine schwere Zeit. Ein Buch, das aus dieser Schule hervorging, konnte sich unter diesen Umständen die Gunst des athenischen Publikums nur dadurch erkaufen, dass es der athenischen Demokratie eine Huldigung darbrachte.

II.

Eine Schrift, die auf solche Weise entstanden ist wie die pseudoaristotelische Ἀθηναίων πολιτεία, verdient nicht die Lobeshymnen, welche aller Orten ertönten, als die Londoner Ausgabe erschienen war. Ist die Freude, der diese Lobeshymnen Ausdruck gaben, darum weniger berechtigt? Es sei ferne von mir, das zu behaupten. Mit allen ihren Mängeln enthält unsere Schrift in ungeahnter Fülle Nachrichten, welche geeignet sind, schwebende Fragen zu lösen, neue Fragen anzuregen.

Allerdings wurde die Autorität der neuen Quelle zunächst überschätzt, z. B. von Blass, wenn er sagt, sie sei „geeignet, Licht zu schaffen über vieles Dunkle, geeignet, Hypothesen wegzufegen und Wissen an die Stelle von Vermutungen zu setzen, in staunenswertem und nie erwartetem Masse." Ähnlich schreibt Diels: „Wo solche Sonne aufgeht, da zerstieben die tausend historischen Hypothesen wie die Fledermäuse." Gewiss würde jeder gerne seine eigenen Hypothesen zerstoben sehen, wenn er sich nur wirklich am Sonnenlichte erfreuen könnte.

Aber so einfach, wie sich mancher vorstellt, dass die Wissenschaft nun von allen bisherigen Ergebnissen abzusehen hätte und zu registrieren, was die neue Quelle lehrt*), würde die Sache selbst dann nicht liegen, wenn wir eine echte aristotelische Schrift vor uns hätten. Das Studium der athenischen Geschichte ist doch nicht durch eine chinesische Mauer gegen andere Gebiete der Wissenschaft abgeschlossen. Die Fortschritte im Verständnis der athenischen Geschichte sind vielmehr beeinflusst durch die Fortschritte des historischen Erkennens überhaupt. Die glänzenden Leistungen in der benachbarten römischen Geschichte stellten ein Ideal vor Augen, neben dem man einsah, wie weit man zurück war, und die Erkenntnis der Unvollkommenheit brachte den Anfang der Vervollkommnung. Die wechselvolle Entwickelung der deutschen und italienischen Städte, welche aus inhaltreichen und zum Teil guten Quellen ans Licht gezogen wurde, warf auf die dürftige Überlieferung der inneren Geschichte von Athen ein neues Licht. Das politische Leben der Gegenwart lehrte uns, das feine Getriebe der Intriguen, das bunte Treiben der politischen Parteien mit anderen Augen anzusehen.

Wenn so ein gegenseitiger Austausch mit den ver-

---

*) Selbst Diels scheint von dieser Vorstellung nicht ganz frei zu sein, wenn er schreibt: „Die Arbeit der Historiker und Philologen auf diesem Felde wird von neuem beginnen und auf Jahrzehnte mit dem Einheimsen der Ernte zu thun haben. Namentlich der zweite lückenhaftere Teil, der die Kompetenzen der Beamten mit erstaunlichem Detail abgrenzt, wird noch viel Mühe erfordern." Die Arbeit des Historikers ist nicht beendet, wenn er den äusseren Thatbestand nach den Quellen festgestellt hat. Wenn ihm selbst eine Quelle vorliegt, auf deren thatsächlichen Angaben er sich unbedingt verlassen kann, so ist er doch berechtigt und verpflichtet, den inneren Zusammenhang der einzelnen Thatsachen unabhängig von der Quelle mit eigenem Urteile zu verstehen.

schiedensten Gebieten der Wissenschaft und des Lebens es möglich gemacht hat, die Probleme der athenischen Geschichte eindringender und schärfer zu fassen als früher, ist diese Mühe umsonst gewesen, weil das Material, in dem wir die Lösung der Probleme zu suchen haben, sich um ein wertvolles Stück vermehrt hat?

Ein solches bleibt die pseudoaristotelische Schrift vom Staate der Athener auch für denjenigen, der ihren Wert nicht überschätzt. Wenn ich gegen überschätzende Urteile lebhaft protestiert habe, so ist es nur geschehen, weil man den Charakter einer Quelle richtig würdigen muss, um denjenigen Ertrag aus ihr zu gewinnen, den sie bieten kann. An einigen Beispielen möchte ich noch zu zeigen versuchen, in welcher Weise unsere bisherige Kenntnis der älteren athenischen Geschichte durch die neue Quelle bestätigt, berichtigt oder erweitert wird. Es ist wohl gerechtfertigt, wenn ich dabei in erster Linie auf solche Fragen eingehe, die mir von meinen früheren Arbeiten her am nächsten liegen.

Am schnellsten leuchtet der negative Wert ein, den das Erscheinen der Ἀθηναίων πολιτεία der Kenntnis der athenischen Geschichte gebracht hat. Alle Fragmente, welche spätere Grammatiker von unserer Schrift erhalten hatten, galten bisher als aristotelische Zeugnisse. Diese Zeugnisse haben jetzt zwiefach an Beweiskraft verloren; ein Vergleich der Fragmente mit dem authentischen Texte der Schrift, zeigt, dass die Grammatiker vielfach ungenau citiert haben; was sich von ihren Citaten im Londoner Texte nicht wiederfindet, wird in Zukunft nur noch als ein Stück obskurer und später Gelehrsamkeit gelten können. Aber auch was wir in der Ἀθηναίων πολιτεία wiederfinden und nun nicht mehr bei Grammatikern zu suchen brauchen, wird fortan nicht mehr die überwältigende Autorität eines Aristoteles, sondern nur noch die eines im allgemeinen gut unterrichteten Schriftstellers aus der zweiten Hälfte des vierten Jahrhunderts für sich haben.

Damit aber ist die reinigende Wirkung des Londoner Fundes noch nicht erschöpft. Weit verbreitet war die Ansicht, dass in grossem Umfange auch solche Angaben später Quellen, für welche Aristoteles nicht citiert wird, aus der Ἀθηναίων πολιτεία geflossen seien. Insbesondere galt das erste Buch des Pollux, in welchem die athenischen Staatsaltertümer behandelt werden, für ein Excerpt aus Aristoteles. Diese Ansicht wird durch den Londoner Fund über den Haufen geworfen. Vieles, aber keineswegs alles haben jene Grammatiker aus der Ἀθηναίων πολιτεία genommen. Z. B. findet sich in der Schrift nicht die Angabe (Pollux VIII, 125), dass die Epheten durch Drakon, der Areopag durch Solon eingesetzt seien; auch in dem verlorenen Teile kann diese Nachricht, die dem Abschnitte über die älteste Verfassung (S. 3 fg.) widerspricht, nicht gestanden haben. In einem Vortrage über die Gesetzgebung Drakons, den ich auf der Philologenversammlung in Görlitz hielt, ging ich von dieser Notiz aus, da ich ihr wegen ihres vermeintlichen aristotelischen Ursprunges ein besonderes Gewicht beilegte. Jetzt hat sie sich als völlig wertlos herausgestellt.

Der negative Wert des Londoner Fundes ist schneller zu ermessen, aber darum nicht grösser als der positive. Wir finden in der neuen Quelle eine Reihe guter Nachrichten, denen gegenüber wir Hypothesen, die auf ein schlechteres Quellenmaterial gegründet waren, bereitwillig aufgeben werden. Z. B. hatte ich, ausgehend von der erwähnten Polluxstelle, in dem genannten Vortrage (S. 113) die Hypothese aufgestellt, dass bis auf Solon eine Blutgerichtsbarkeit auf dem Areopage nicht bestanden, dass das Verfahren auf dem Areopag sich ohne Mitwirkung eines Gerichtshofes direkt zwischen den Parteien abgespielt habe. Nun schildert die neue Quelle (S. 8, 13) den Rat auf dem

Areopag in vorsolonischer Zeit als die einflussreichste Behörde im Staate. Dass zu seiner Kompetenz die Blutgerichtsbarkeit gehörte, sagt sie nicht; aber nur, wenn sie mit der aus religiösen Rücksichten an den Areopag gebundenen Blutgerichtsbarkeit zu thun hatte, ist zu verstehen, warum sie ihren Namen von diesem einsamen Hügel erhielt.

Es fragt sich, welche Kompetenz der vorsolonische Rat auf dem Areopag in Blutsachen hatte. Auf dem Areopag fanden unter allen Umständen die drei Vorverhandlungen statt, während deren die Parteien sich versöhnen konnten und, falls eine Versöhnung ausgeschlossen war, festzustellen hatten, welches die streitige Frage war. Entschieden wurden auf dem Areopag nur solche Prozesse, in denen vorsätzlicher Mord vom Ankläger behauptet, vom Angeklagten bestritten wurde. Dass diese Prozesse bis in relativ späte Zeit nicht durch richterliches Urteil, sondern durch Eid der Parteien entschieden wurden, diese Ansicht glaube ich auch jetzt noch festhalten zu müssen. Denn sie stützt sich auf Rückschlüsse aus dem späteren gut bekannten Verfahren. Richterliche Untersuchung und richterliches Urteil wurde zunächst nur für den Fall eingeführt, dass der Angeklagte seine That zugab, aber mildernde oder rechtfertigende Umstände in Anspruch nahm. Indessen auch wenn ein Verfahren ohne richterliches Urteil sein Ende erreichte, war die Mitwirkung eines Gerichtshofes nicht überflüssig. Es konnte ihm obliegen, zu entscheiden, welche Partei näher zum Eide sei, die Zahl der Eideshelfer zu bestimmen, die Qualifikation des Anklägers und der Eideshelfer zu prüfen. Der Gerichtshof konnte ferner bei den Vorverhandlungen die Aufgabe haben, darüber zu wachen, dass nichts Gewaltsames geschah, dass die vorgeschriebenen Termine und überhaupt die vorgeschriebenen Formen eingehalten wurden. Dass ein Gerichtshof mit diesen Kompetenzen vor Solon auf dem Areopag seinen Sitz gehabt hat, wird man im Gegensatze zu meiner früheren Ansicht annehmen müssen, seit wir zuverlässig wissen, dass es schon vor Solon einen Rat auf dem Areopage gab. Dass in den später bekannten Gesetzen Drakons dieser Rat nicht erwähnt wurde, kann man jetzt nur noch mit Wachsmuth daraus erklären, dass diejenigen Gesetze, in denen er erwähnt wurde, durch Solon abgeschafft und deshalb den Späteren nicht mehr überliefert waren.

In wichtigen Stücken wird unsere Kenntnis der solonischen Zeit und der solonischen Verfassung aus der neuen Quelle bereichert und berichtigt. Dass es vor Solon eine Partei gegeben habe, welche eine Neuaufteilung des Grundes und Bodens forderte, habe ich in meiner Habilitationsschrift (Parteien und Politiker in Megara und Athen S. 78) bestritten. Jetzt lesen wir in einem Gedichte Solons (S. 30), dass es schon zu seiner Zeit Leute gab, welche verlangten, die Gemeinen sollten gleichen Anteil mit den Edlen am fetten Boden des Vaterlandes haben.

Dass die neun Archonten erst durch Solon als einheitliches Kollegium konstituiert sind, diese Annahme lag nach einem Suidasartikel (v. Ἄρχων) nahe genug und hatte grosse innere Wahrscheinlichkeit für sich. Trotzdem glaubte ich (a. a. O. S. 62), diese Vermutung von der Hand weisen zu müssen, weil die Suidasnotiz, auf die sie sich hätte stützen können, zu vieles enthielt, was offenbar widersinnig war. Jetzt lesen wir in einer Schrift des vierten Jahrhunderts (S. 7), dass bis auf Solon der Archon, der König, der Polemarch und die Thesmotheten ihre Funktionen getrennt von einander ausübten und dass erst Solon die neun Archonten im Thesmotheteion vereinigt hat.

Lange hat unbestritten die Ansicht gegolten, dass seit Solon die Stellen der Archonten den Angehörigen der ersten Vermögensklasse vorbehalten waren und dass Aristeides den Zugang zu diesen Stellen allen Bürgern ohne Unterschied geöffnet habe. Diese Ansicht hat Landwehr (Philol. Suppl. V S. 120 fg.) bekämpft und die Hypothese aufgestellt, Solon habe die Archontenstellen den Eupatriden ohne Unterschied des Vermögens vorbehalten. Gegen Landwehr habe ich (a. a. O. S. 56 fg.) die hergebrachte Ansicht lebhaft verteidigt. Jetzt stellt sich heraus (S. 73), dass beide Teile unrecht hatten. Bis 457 hatten die Angehörigen der beiden oberen Steuerklassen, von da ab auch die Angehörigen der dritten Klasse zum Archontat Zutritt.

Mit noch grösserem Eifer ist die Frage erörtert worden, von welcher Zeit ab die Archonten durch das Los bestellt wurden. Manche hielten Kleisthenes, andere Aristeides, noch andere Perikles für den Urheber dieser Institution. Jetzt werden wir belehrt (S. 59), dass bis zum Archon Telesinos (einige Jahre nach der Schlacht bei Marathon) die Archonten gewählt wurden; in dessen Jahre wurde eingeführt, dass jedesmal fünfhundert Kandidaten von den Demen vorgeschlagen und aus diesen fünfhundert die neun Archonten ausgelost wurden. Wenn S. 22 ein ähnlicher Modus schon in die solonische Verfassung zurückverlegt wird, so befindet sich der Verfasser im Widerspruche mit sich selbst (S. 60 οἱ δὲ πρότεροι πάντες ἦσαν αἱρετοί.) und mit Aristoteles (oben S. 46). Gegenüber einer solchen Autorität ist seine Angabe unbedingt zu verwerfen, zumal sich der Ursprung des Irrtums leicht erklären lässt; denn es lag in der Art der Späteren, auf Solon, den Vater des athenischen Rechtes, zurückzuführen, was zu ihrer Zeit in Geltung stand (vgl. besonders S. 22 ὅθεν νῦν ἔτι διαμένει ταῖς φυλαῖς τὸ δέκα κληροῦν ἑκάστην, εἶτ' ἐκ τούτων κυαμεύειν.)

Wenn die Fälle zahlreich sind, in denen früher vertretene Ansichten gegenüber der vermehrten Kenntnis der athenischen Geschichte aufgegeben werden müssen, so fehlt es doch auch nicht an solchen Fällen, in denen eine Hypothese, die sich bisher nur aus einem ärmeren Quellenmaterial begründen liess, durch die neue Quelle an Wahrscheinlichkeit gewinnt oder gar unbedingt bestätigt wird. Die solonische Münzreform wurde in den früher bekannten Quellen dargestellt als ein Mittel, durch welches Solon die Rückzahlung der Schulden erleichtert habe. Köhler (Athen. Mitteil. IX, X) zeigte, dass die Aenderung des Münzfusses zu diesem Zwecke durchaus ungeeignet war, dass sie ihren Grund nur gehabt haben kann in einem engen handelspolitischen Anschlusse an diejenigen Staaten, deren Münzsystem angenommen wurde. In der Ἀθηναίων πολιτεία wird (S. 27) die solonische Münzreform ohne jeden Zusammenhang mit der Schuldentilgung erzählt.

Die kylonischen Unruhen wurden von den meisten neueren Historikern so aufgefasst, dass Kylon eine Unzufriedenheit im Volke, die durch die strengen Gesetze Drakons hervorgerufen sei, habe benutzen wollen, um sich der Tyrannis zu bemächtigen. Nur Busolt (Gr. G. I S. 498 A. 8) vertrat die Ansicht, dass Drakons Gesetze erst nach den kylonischen Wirren gegeben seien. In der Ἀθηναίων πολιτεία waren die kylonischen Unruhen vor Drakons Gesetzen dargestellt. Nun weisen allerdings gewisse Unebenheiten der Disposition, die sich gerade am Eingange der Schrift finden (oben S. 43) darauf hin, dass in dieser Gegend die Quelle gewechselt wurde. Es wäre also möglich, dass der Verfasser von Kylon nur deshalb eher spricht als von Drakon, weil er den Abschnitt über Kylon aus der vorher benutzten Quelle nahm. Aber immerhin ist Busolts Ansicht von jetzt ab bei weitem wahrscheinlicher als die entgegengesetzte. Diese Ansicht hat eine wichtige Konsequenz. Wenn Kylons Empörung der Zeit vor Drakon angehört, so kann man in Kylon nicht mehr einen Volksführer sehen, der mit Hilfe der unzufriedenen Menge sich zum Tyrannen aufwerfen wollte. Denn die Ursachen, die zur Zeit Solons die Menge in Aufruhr brachten, waren vor Drakon noch nicht wirksam. Vielmehr wird man in Kylon, wie ich bereits in meinem Vortrage über Drakon (S. 120) angedeutet habe, den Führer einer adligen Faktion sehen müssen, der an dem Versuche, sich der Gewalt zu bemächtigen, von einer überlegenen Faktion verhindert wurde. Die Sieger liessen sich gegen die Besiegten Gewaltthaten zu Schulden kommen, wegen deren sie selbst später zur Verantwortung gezogen wurden. Dass bei dieser Gelegenheit das Geschlecht der Alkmeoniden verbannt worden sei, habe ich (a. a. O. S. 63) bestritten. Durch das solonische Amnestiegesetz (Plut. Sol. 19) wurden alle, die wegen ihres Anteils an den kylonischen Wirren verbannt waren, von der Rückkehr in das Vaterland ausgeschlossen; keiner, der aus einem solchen Grunde verbannt war, kann also kurz vor oder nach Solon die Rechte eines athenischen Bürgers genossen haben; derjenige Alkmeon, welcher nach Angabe delphischer ὑπομνήματα die Athener im heiligen Kriege kommandierte (Plut. Sol. 11), hat kurz vor oder nach Solons Gesetzgebung die Rechte eines athenischen Bürgers genossen; folglich kann dieser Alkmeon und mit ihm das ganze Geschlecht der Alkmeoniden nicht wegen seines Anteiles an den kylonischen Wirren verbannt gewesen sein.

Dieser Beweis stützt sich auf zwei urkundliche Nachrichten, also auf Zeugnisse, die stärker sind als das der Ἀθηναίων πολιτεία. Indessen da meine Behauptung Angriffe erfahren hat, welche durch Entrüstung ersetzten, was ihnen an Gründen fehlte, ist es nicht überflüssig, darauf hinzuweisen, dass sie auch in der neuen Quelle eine Stütze findet. Allerdings scheint in dem verstümmelten Anfangskapitel eine Verbannung der Alkmeoniden vor Solon erzählt zu werden; denn mit dem Geschlecht, das aus Attika verwiesen wurde, kann nicht wohl ein anderes als das der

Alkmeoniden gemeint sein. Der Verfasser scheint hier der späteren, durch Plutarch (Sol. 12) vertretenen Überlieferung zu folgen. Im weiteren Verlaufe seiner Erzählung weiss er nichts mehr von dem Ereignisse, das er hier berichtet. Zunächst erscheint (S. 36) der Alkmeonide Megakles bald nach Solon als Führer einer politischen Partei, ohne dass wir erführen, auf welche Weise ihm die Rückkehr gestattet sei. Dann aber dringt nach dem Sturze der Tyrannen Isagoras darauf, dass Kleisthenes aus Attika verbannt werde, „weil es schien, als ob die Alkmeoniden zu den Fluchbeladenen gehörten" (S. 52). So konnte man nicht schreiben, wenn durch rechtskräftiges Urteil das ganze Geschlecht der Alkmeoniden für fluchbeladen erklärt war.

Wichtiger als der Streit über einzelne Begebenheiten ist die Frage, wie das Gesamtbild der politischen und sozialen Zustände von Attika im sechsten Jahrhundert zu zeichnen sei, welches die treibenden Kräfte waren, auf welche Weise diese Kräfte von den leitenden Männern bewältigt wurden. In meiner Habilitationsschrift habe ich den Gedanken durchgeführt, dass der Übergang von der Naturalwirtschaft zur Geldwirtschaft in den griechischen Staaten und insbesondere in Attika den Bauernstand in Not stürzte. Der neue Reichtum des Geldes vereinigte sich in den Händen des Adels mit dem alten Reichtume des grossen Grundbesitzes, und der Adel benutzte seine wirtschaftliche Überlegenheit, um die armen Grundbesitzer durch Wucherzinsen auszusaugen. Solon hat es nicht vermocht, diesen Prozess aufzuhalten. Er hat die Not vorübergehend durch einen rechtswidrigen Schuldenerlass erleichtert; er hat für die Zukunft die Schuldknechtschaft verboten. Aber damit hat er dem Übel nur ein anderes Aussehen gegeben, nicht sein Wesen verändert. Fortan wurden nicht mehr die Personen der Schuldner geknechtet, dafür aber ihre Güter von den grossen Grundbesitzern aufgekauft.

Erst Peisistratos hat das Werk vollbracht, an welchem sich Solon vergebens versucht hatte. Er hat den kleinen Grundbesitz von dem Drucke des Kapitals befreit, unter dem er länger als ein halbes Jahrhundert geseufzt hatte. In der erfolgreichen Fürsorge für den Bauernstand sah ich den Schwerpunkt der peisistratischen Regierung; ich bezeichnete es als das Verdienst der Tyrannen, wenn Attika mit einem gesunden, moralisch und wirtschaftlich widerstandsfähigen Bauernstande der Persergefahr entgegenging.

Diese Auffassung wird durch die Schrift vom Staate der Athener ausdrücklich bestätigt. Ihr Verfasser kennt Peisistratos in erster Linie als väterlichen Freund der Bauern. Er erzählt eine Reihe von Geschichten (S. 43 fg.), in welchen sich die Fürsorge des Tyrannen für die kleinen Grundbesitzer ausspricht. Er erkennt an (S. 44), dass diese Fürsorge vom Volke dankbar empfunden wurde, mithin nicht ohne Erfolg geblieben sein kann.

Die Mittel freilich, durch welche es dem Tyrannen gelang, den attischen Bauernstand zu erhalten und zu befestigen, werden in der *Αϑηναίων πολιτεία* recht mangelhaft dargestellt. Ausführlich wird berichtet, wie Peisistratos in einzelnen Fällen wirtschaftlicher Bedrängnis dem kleinen Manne hilfreich zur Seite stand. Durch solche Mittel mochte er die äusserste Not lindern; mit der Wurzel konnte er das Übel nur ausrotten, wenn er Zustände schuf, in denen sich ein gedeihliches Leben des Bauernstandes ohne künstliche Nachhilfe entwickeln konnte. Solche Zustände hat der Tyrann dadurch begründet, dass er dem Kapitale, dessen Druck bis dahin auf den Bauern gelastet hatte, einen anderweitigen Abfluss verschaffte. Es wurde teils in industriellen und merkantilen Unternehmungen, teils in Luxusbauten angelegt. Je mehr die Reichen davon zurückkamen, den Schwerpunkt ihres Vermögens im Grundbesitze zu suchen, desto freier konnte der kleine Grundbesitz aufatmen. Die kleinbäuerliche Bevölkerung wurde in ihrem Bestande nicht nur erhalten, sondern sogar vermehrt. Am Ende des sechsten Jahrhunderts ist die Klasse der Pächter vom attischen Boden verschwunden. Die Pächter sind Eigentümer der von ihnen bebauten Parzellen geworden.

Diesen feineren Zusammenhang hat der Verfasser der Schrift vom Staate der Athener nicht verstanden. Aber er behält das Verdienst, uns die Nachricht bewahrt zu haben, dass Peisistratos die athenischen Bauern aus der Bedrängnis errettet hat, gegen die sie Solon nicht zu schützen vermochte. Auch in dem Abschnitte über die nachsolonischen Parteien (S. 35/6), von dem einige Reste schon eines der Berliner Fragmente enthielt, tritt deutlich hervor, dass die Lage der ländlichen Bevölkerung für die politischen Verhältnisse der Athener während des sechsten Jahrhunderts massgebend war. Aus dem Schlusssatze dieses Kapitels ergiebt sich, dass die drei Parteien der Pediaeer, Paraler und Diakrier sich aus Leuten zusammensetzten, die vom Ackerbau lebten. Mithin wird bestätigt, was ich a. a. O. S. 75/76 behauptet habe, dass der Adel keine geschlossene Partei mehr bildete, sondern in die drei Gruppen von Missvergnügten auseinanderfiel, welche S. 35 vor der Charakteristik der Parteien genannt werden. Angehörige dieser Gruppen konnten sich an der Spitze aller Parteien finden, da dieselben Motive sie je nach den Umständen zu ganz verschiedener Stellungnahme bestimmen konnten. Von den drei grossen Parteien werden die Pediaeer als oligarchisch bezeichnet; oligarchische Tendenzen konnte, wenn nicht der Adel nur die oberste Schicht des Bauernstandes verfolgen, welche durch die solonischen Reformen Anteil an der politischen Gewalt des Adels bekommen hatte. Sie hatte am meisten Grund, mit den bestehenden Zuständen zufrieden zu sein. Zu den Diakriern werden vor allem diejenigen gerechnet, „denen ihre Schulden wegen ihrer Mittellosigkeit erlassen waren". Auf die solonische Seisachtheia kann sich dieser Satz nicht beziehen; denn durch die Seisachtheia wurden nicht bloss den Armen, sondern allen ohne Unterschied des Vermögens ihre Schulden erlassen. Wenn später in grösserem Umfange einzelne Schulden wegen Mittellosigkeit der Schuldner erlassen wurden, so kann das nicht ohne Entgelt geschehen sein; und dieser Entgelt kann nur darin bestanden haben, dass die Schuldner den Gläubigern ihre Güter abtraten. Es bestätigt sich also, was ich a. a. O. S. 77/78 vermutete, dass die Partei der Diakrier vor allem solche Elemente der ländlichen Bevölkerung enthielt, welche durch materielle Bedrängnis aus dem Stande der Grundbesitzer in den Stand der Lohnarbeiter oder Pächter hinabgesunken waren. Zwischen den beiden extremen Parteien verfolgten die Paraler eine mittlere Politik. In der Mitte zwischen den wohlhabenden Bauern und den Lohnarbeitern standen die ärmeren Bauern. Dass diese sich in der Partei der Paraler vereinigt haben, vermutete ich a. a. O. S. 81; diese Vermutung erhält jetzt, obgleich auch in der 'Αθηναίων πολιτεία nicht ausdrücklich gesagt wird, welche Elemente die Partei der Paraler umschloss, immerhin eine neue Stütze.

Die Gruppierung der athenischen Parteien, wie ich sie a. a. O. S. 74—85 zu rekonstruieren suchte und wie sie uns jetzt in der Schrift vom Staate der Athener deutlich vor Augen tritt, war nur möglich, wenn die wohlhabenden Bauern durch die solonischen Reformen an den politischen Rechten des Adels Anteil bekommen hatten, wenn mithin die solonische Gesetzgebung die Tendenz verfolgte, die ich ihr (a. a. O. S. 60) beilegte, den oberen Schichten des Bauernstandes Anteil an der Regierungsgewalt zu geben und durch sie die politische Gewalt des herrschenden Adels zu verstärken.

Allerdings stand dieser Satz, so wie ich ihn bisher begründet habe, auf schwachen Füssen. Ich nahm den Umfang der attischen Landgüter, wie ihn Hildebrand (in seinen Jahrbüchern XII S. 22) im Anschluss an Boeckh berechnet hatte, wenigstens annähernd als zutreffend an; nach dieser Berechnung ergab sich mir die Minimalgrösse eines Pentakosiomedimnengutes als so klein*), dass ich schloss, die wohlhabenderen Bauern müssen zur Klasse der Pentakosiomedimnen gehört haben. Hildebrand hatte den Umfang der attischen Landgüter entsprechend der attischen Getreideproduktion berechnet. Die Getreideproduktion von Attika überschätzte er, da er mit Boeckh (Staatshaushaltung I ^{2} S. 57) die übertriebenen Angaben über die athenische Bevölkerung, die Athenaeos (VI S. 272 B D) überliefert hat, für zutreffend hielt und folglich die Menge des für diese Bevölkerung erforderlichen Getreides zu gross ansetzte. Da Beloch (Beiträge zur Bevölkerungslehre I S. 87) die Angaben des Athenaeos als unhaltbar erwiesen hat, fällt die Rechnung Hildebrands in sich zusammen, und der Gebrauch, den ich von ihr machte, muss als verfehlt bezeichnet werden.

Aber auf anderem Wege lässt sich zu demselben Ziele kommen. Im Königreich Württemberg gab es 1873 unter 313,519 Grundbesitzern 26,625, oder 8,5%, deren

---

*) Dass ich behauptet habe, ein mässiges Bauerngut habe genügt, um seinem Eigentümer die Zugehörigkeit zur ersten Vermögensklasse zu verschaffen, wie mir Herr Valerian von Schöffer (Berl. philol. Wochenschrift 1890, Nr. 43) vorwirft, ist nicht richtig. Ich habe gesagt, ein mässiges Bauerngut der Gegenwart würde zu diesem Zwecke ausgereicht haben; dass ein mässiges Bauerngut der Gegenwart unter anderen wirtschaftlichen Verhältnissen ein ansehnliches Bauerngut gewesen sein kann, brauche ich wohl niemanden ausser Herrn von Schöffer zu sagen. Allerdings war es ein Fehler, dass ich meinen Ausdruck nicht örtlich ebenso einschränkte wie zeitlich. Ich dachte an die Verhältnisse der mittleren Provinzen von Preussen.

Güter einen Umfang von mindestens 10 ha hatten (Das Königreich Württemberg II, 1 S. 459). Ein Hektar ergiebt im Durchschnitte ca. 28 Zentner Gerste jährlich, (a. a. O. II, 1 S. 498), mithin würden sich aus einem Gute von 10 ha 2800 Zentner des Hauptgetreides von Attika gewinnen lassen. Da ein Hektoliter württembergischer Gerste durchschnittlich 67 kg wiegt, (a. a. O. II, 1 S. 488) kommen auf einen athenischen Scheffel (0,5253 hl) Gerste in Württemberg 35,2 kg. Es liessen sich mithin aus einem württembergischen Landgute von 10 ha Umfang jährlich 398,01 oder rund 400 Scheffel Gerste gewinnen. Wenn in einem Lande wie Württemberg, wo seit Jahrhunderten mächtige Faktoren darauf hingewirkt haben, den Grundbesitz zu zersplittern, 8,5 % der Grundbesitzer imstande sind, von ihren Gütern jährlich 400 Scheffel zu ernten, so lässt sich wohl annehmen, dass in Attika, wo bis auf Solon der Grundbesitz stabil gewesen war, mindestens der gleiche Prozentsatz 500 Scheffel im Jahre erntete. Diese zahlreichen Grundbesitzer können aber nur zum kleineren Teile Adelige, sie müssen der Mehrzahl nach wohlhabende Bauern gewesen sein. Die Adeligen bildeten innerhalb der ersten Klasse eine Minderheit, deren Güter teilweise zweifellos ein Vielfaches des Ertrages abwarfen, der als Minimum für die Zugehörigkeit zur ersten Klasse verlangt wurde.

Es fragt sich, aus welchem Grunde so verschiedenartige Elemente in der Klasse der Pentakosiomedimnen vereinigt waren. Falls der Zweck der Klassenteilung war, einer gerechten Verteilung der Steuern als Grundlage zu dienen, so war es so verkehrt wie möglich, die untere Grenze der ersten Klasse so niedrig zu ziehen, dass der mittlere und der grosse Grundbesitzer mit gleichen Quoten ihres Einkommens belastet wurden. Es erscheint mir daher noch immer als ausgeschlossen, dass Solon bei der Klassenteilung es auf eine gerechte Verteilung der Lasten abgesehen habe. In dieser Ansicht kann mich nur bestärken, was Neumann (Conrads Jahrb. 1880 S. 521) über das Alter der Steuerprogression schreibt. Mit Neumann lässt sich von vorne herein annehmen, dass in Attika wie aller Orten progressive Einkommensteuern erst relativ spät eingeführt worden sind. Einen direkten Beweis für diese Annahme bildet der Zehnte, welchen Peisistrates von allem Einkommen*) gleichmässig erhob. Dass dieser Zehnte schon vor Peisistratos bestand, wie Neumann anzunehmen geneigt ist, wird sich allerdings aus den Quellen (Thuk. VI, 54 $\mathcal{A}\vartheta$. $\pi o \lambda$. S. 43), welche den Zehnten, später Zwanzigsten, ausdrücklich als eine Eigentümlichkeit der Tyrannenherrschaft bezeichnen, kaum begründen lassen. Indessen in der Thatsache, dass ein Freund der kleinen Grundbesitzer wie Peisistrates von allem Einkommen gleichmässig einen Zehnten erhob, liegt ein vollgültiger Beweis, dass man zu seiner Zeit noch nicht darauf verfallen war, die Steuern nach dem Vermögen abzustufen.

Wenn den solonischen Vermögensklassen der Zweck einer Steuerprogression ursprünglich fremd war, so kann ihr Zweck nur der gewesen sein, die politischen Rechte abzustufen. Die Minderheit der Bauern, welche zur ersten Klasse gehörten, wurde den Adeligen vollständig gleichgestellt. Die Angehörigen der zweiten Klasse, die Ritter,**) welche mindestens dreihundert Scheffel ernteten, wurden von manchen Ämtern ausgeschlossen, erlangten aber, wie wir jetzt erfahren haben (oben S. 60), Zutritt zum mächtigsten Amte, zum Achontate. Die Bauern der beiden

---

*) Wir haben keinen Grund, unter $\tau\grave{\alpha}$ $\gamma\iota\gamma\nu\acute{o}\mu\varepsilon\nu\alpha$ allein die Erträge der Landgüter zu verstehen und nicht alle Einkünfte.

**) Für Herrn von Schöffer bemerke ich, dass die Vermögensklasse der Ritter mit den von Aristophanes gefeierten Rittern nichts als den Namen gemeinsam hat.

oberen Klassen erhielten ein gemeinsames Interesse, die politische Gewalt zusammen mit dem Adel gegen den Ansturm der unteren, minder berechtigten Stände zu verteidigen.

Einen Einwand gegen die eben vorgetragene, von mir schon früher vertretene Auffassung der solonischen Timokratie muss ich neuerdings erwarten. In der pseudoaristotelischen Schrift vom Staate der Athener lesen wir (S. 18), Solon habe in den Vermögensklassen nur eine Einrichtung beibehalten, welche schon vor ihm bestanden habe, und in der Verfassung, welche Drakon den Athenern gegeben haben soll, werden (S. 13) Geldstrafen nach den Klassen der Pentakosiomedimnen, Hippeis und Zeugiten abgestuft. Auf die Angabe über Solon wird niemand Gewicht legen, wenn die über Drakon beseitigt ist; denn durch jene wird nur auf diese zurückverwiesen. Alles aber, was in der neuen Quelle von der angeblichen Verfassung Drakons berichtet wird, ist aus verschiedenen Gründen zu verwerfen.

Zunächst widerspricht die Nachricht, Drakon habe die Verfassung verändert, einer ausdrücklichen Angabe der aristotelischen Politik (oben S. 45); und Aristoteles steht mit gutem Grunde bei den heutigen Forschern in einem solchen Ansehen, dass man jede Nachricht, die einem aristotelischen Zeugnisse widerspricht, von vorne herein zu verwerfen berechtigt ist. Aber auch wenn ein solches Zeugnis nicht vorläge, würde man bald zu der Erkenntnis kommen, dass eine Verfassung, wie sie in der Ἀθηναίων πολιτεία Drakon beigelegt wird, während des siebenten Jahrhunderts den Athenern nicht gegeben sein kann. Mag Drakon gelebt haben wann er will, jedenfalls galt zu seiner Zeit in Attika noch das Vieh als Wertmesser; denn an irgend einer Stelle seiner Gesetze (Pollux IX, 61) ward eine Busse von zwanzig Rindern erwähnt. Es ist mithin undenkbar, dass Drakon Vermögensstrafen in Geld normiert haben sollte, und wenn S. 12/13 angegeben wird, dass der Pentakosiomedimne drei Drachmen, der Ritter zwei, der Zeugit eine zu zahlen hatte, falls er eine Sitzung des Rates oder der Volksversammlung versäumte, so verrät eine solche Angabe einen Historiker, welcher den Zuständen des sechsten Jahrhunderts ohne Kenntnis und Verständnis gegenüberstand. Ebensowenig kann natürlich vor Solon, dem Begründer des attischen Münzwesens, der Geldwert des Vermögens massgebend gewesen sein für die Qualifikation zu Ämtern. Insbesondere zeigt es eine naive Unkenntnis der athenischen Geschichte, wenn Drakon für die Stellen der Strategen und Hipparchen einen zehn Mal so hohen Zensus festgesetzt haben soll als für die der Archonten und Finanzbeamten; denn das Amt des Archonten war damals das erste im Staate, den Finanzämtern wurde aus begreiflichen Gründen zu allen Zeiten eine besondere Bedeutung beigelegt; dagegen waren die Strategen, die überhaupt erst nach Kleisthenes eingesetzt zu sein scheinen, jedenfalls noch gegen Ende des sechsten Jahrhunderts dem Polemarchen untergeordnet (*Ath. pol.* S. 57) und sind erst nach den Perserkriegen zu grösserem Einflusse emporgestiegen. Die angebliche Verfassung Drakons entspricht den Zuständen, die gegen Ende des fünften Jahrhunderts bestanden, und ist dem von den Oligarchen des Jahres 411 ausgearbeiteten Entwurfe nachgebildet. Sie ist dem Streben entsprungen, was man in der Gegenwart für wünschenswert hielt, in der Vergangenheit als wirklich nachzuweisen.

Der Abschnitt über Drakon enthält so vieles, was aller guten Überlieferung widerspricht, dass man kein Bedenken tragen wird, seinen Inhalt von Anfang bis zu Ende zu verwerfen. Doch wäre es falsch, deshalb den Angaben der Ἀθηναίων πολιτεία überhaupt weniger Gewicht beizulegen, als ihnen nach dem allgemeinen Charakter der Quelle zukommt. Ein Zeugnis dieser Quelle unbeachtet zu lassen, wird man sich in der Regel nur dann entschliessen, wenn es entweder eine stärkere Autorität oder zwingende innere Gründe gegen sich hat. Eine dritte Möglichkeit, sich mit einem im allgemeinen gut unterrichteten Historiker in Widerspruch zu setzen, besteht dann, wenn dieser durch seine eigenen Worte verrät, dass er nicht auf sicherer Überlieferung, sondern auf unsicherer Kombination fusst. So bekundet er S. 27 durch das Wort ὅστι, dass er keine authentische Kenntnis hat, in welcher zeitlichen Reihenfolge Solon seine verschiedenen Reformen eingeführt hat. Wenn er trotzdem Solons Gesetzgebung einem bestimmten Jahre zuweist (S. 38), so geschieht das nur, weil ihm dies Jahr für Solons Archontat überliefert war (S. 33). Es ist aber vollständig undenkbar, dass Solon sein ganzes Werk während eines Jahres vollendet haben sollte, und nicht der mindeste Grund, an der aus Urkunden geschöpften Angabe Plutarchs (Sol. 16) zu zweifeln, dass Solon nach seinem Archontat eine weitere gesetzgeberische Vollmacht übertragen wurde. Es fragt sich, ob diese Thätigkeit sich unmittelbar an die Verwaltung des Archontates anschloss oder durch eine Reihe von Jahren davon getrennt war. Ich glaube die in meiner Habilitationsschrift (S. 66) geäusserte Ansicht, dass ein Teil von Solons Gesetzen vor, ein anderer nach den Unruhen unter Damasias *) gegeben wurde,

---

*) Von meinen Ausführungen über Damasias sagt Swoboda (Neue philologische Rundschau 1891, Nr. 7): „Obwohl er zu keiner ganz bestimmten Entscheidung gelangt, neigt er sich doch der Ansicht zu, dass Damasias vor Solon in das Jahr 639 zu setzen sei." Es wird vielleicht manchen interessieren, zu erfahren, dass ein Recensent so etwas von einer Arbeit schreiben kann, in der (S. 55) wörtlich zu lesen steht: „Es ist also nicht möglich, dass in einem Lande wie Attika, welches damals vom grossen Verkehr kaum berührt wurde, schon 639, zur Zeit des ersten Damasias, der Notstand Dimensionen angenommen haben

jetzt mit verstärkter Entschiedenheit aufrecht erhalten zu müssen.

✓ Nach dem Sturz des Damasias wurde vereinbart, ein Kollegium von zehn Archonten aus den drei Ständen der Eupatriden, Agroiken und Demiurgen zu wählen. Diese Einrichtung kann keinen dauernden Bestand gehabt haben. Denn die Parteiverhältnisse, aus denen sich Peisistratos erhob, sind nur verständlich, wenn die Ämter ohne Rücksicht auf die Herkunft, entsprechend den solonischen Vermögensklassen vergeben wurden. Es befindet sich also in der Erzählung der neuen Quelle unter allen Umständen eine Lücke, in welcher eine Nachricht darüber fehlt, wann und wie die nach dem Sturze des Damasias zwischen den Ständen getroffene Vereinbarung wieder abgeschafft wurde. Die Lücke bleibt dieselbe, ob wir annehmen, dass bei dieser Gelegenheit die solonische Timokratie wiederhergestellt oder dass sie zum ersten Male eingeführt wurde. Dass die Timokratie schon vor Damasias bestanden habe, scheint mir aber nach wie vor deshalb ausgeschlossen, weil die wohlhabenden Bauern, wenn sie an politischen Rechten dem Adel gleichgestellt, vor ihren ärmeren Standesgenossen aber bevorzugt

---

sollte, die eine Revolution unvermeidlich machten. Dagegen entspricht es der gleichzeitigen Entwickelung anderer Landschaften, von 586/5 zur Zeit des zweiten Damasias, die Bedrängnis der attischen Bauern auf eine solche Höhe gestiegen war, dass sie den Reden der Volksaufwiegler Gehör schenkten und sich gegen die Adelsregierung empörten, sei es nun, um einem Tyrannen zur Herrschaft zu verhelfen, sei es, um selbst Anteil an der Besetzung der höchsten Behörde zu erringen. Es empfiehlt sich also, die Revolution unter oder gegen Damasias dem Jahrzehnt 590 bis 580 zuzuweisen." Swoboda wird sich aus diesen Sätzen überzeugen, dass ich seinen Rat, an dem von Diels in überzeugender Weise verteidigten Ansatze festzuhalten, im voraus befolgt habe.

waren, keinen Grund mehr hatten, mit lezteren gegen ersteren gemeinsame Sache zu machen.

Eine weitere Stütze gewinnt diese Anordnung der Ereignisse in der nunmehr festgestellten Thatsache, dass erst Solon die Archonten als einheitliches Kollegium konstituiert hat (oben S. 59). In meiner Habilitationsschrift ging ich von der Voraussetzung aus, die Archonten erschienen unter Damasias als einheitliches Kollegium. Der vollständige Text der Schrift zeigt, dass sie damals noch kein Ganzes bildeten, dass erst nach Damasias Solon sie zu einem solchen vereinigt hat. Denn der Streit der Parteien dreht sich allein um den Platz des ersten Archon, welcher den übrigen Archonten gegenüber isoliert dasteht (ὥ[στε] δῆλον ὅτι μεγίστην εἶχεν δύναμιν ὁ ἄρχων· φαίνονται γὰρ ἀεὶ στασιάζοντες περὶ ταύτης τῆς ἀρχῆς). Wenn nach dem Sturze des Damasias vorübergehend ein Kollegium von zehn Archonten gewählt wurde, so bedeutet das nichts anderes, als wenn die Römer ausnahmsweise Konsulartribunen statt der Konsuln wählten. Die Behörde der neun Archonten, wie sie später bestand, hat Solon erst nach Damasias konstituiert.

Ein Bedenken gegen die Annahme, dass erst nach Damasias die solonische Timokratie eingeführt wurde, könnte allerdings erhoben werden. Durch die solonische Timokratie waren die Handwerker, sofern sie keinen Grundbesitz hatten, von politischen Rechten ausgeschlossen. In dem Abkommen nach dem Sturz des Damasias hatten sie Anteil an der Regierungsgewalt erhalten. Wie ist es möglich, dass der Handwerkerstand, während sein materieller Wohlstand in einem unleugbaren Aufschwunge begriffen war, sich eine Entziehung seiner politischen Rechte gefallen liess?

Die schwierige Frage, weshalb die Handwerker die Stellung, die sie vorübergehend errungen hatten, später wieder verloren haben, suchte ich früher mit dem unerwiesenen Satze abzuthun, sie hätten nicht daran gedacht, politische Rechte mit Gewalt zu behaupten oder zu erkämpfen, weil sie jede Erschütterung ihrer Erwerbsverhältnisse gefürchtet hätten. Gegen diesen Gedanken hat Pöhlmann (Deutsche Litteraturzeitung 1890 Nro. 45) mit Recht eingewandt: „Verfasser übersieht dabei, dass eine politisch rechtlose Klasse nur dann mit Erfolg auf eine dauernde Emancipation rechnen kann, wenn wenigstens ein Teil derselben in den Besitz der materiellen und ideellen Güter gelangt ist, welche die Voraussetzung der Machtstellung der bisher allein herrschenden Klasse gebildet hatten. Er übersieht, dass gerade dann, wenn die beherrschte Klasse an Besitz und Bildung sich der herrschenden genähert oder ihr gleich geworden, die Frage der politischen Ausgleichung unvermeidlich wird, und dass dann die Entscheidung, ob Reform oder Revolution, in der Regel nur von dem Verhalten der privilegierten Klassen abhängt, davon, ob sie die Anerkennung der Gleichheit im öffentlichen und privaten Recht verweigert oder nicht."

So zutreffend aber dieser Einwand gegen die von mir versuchte Erklärung ist, unbestreitbar bleibt die von mir nachgewiesene oder vielmehr aus den Quellen unmittelbar ersichtliche Thatsache, dass die Handwerker den Anteil an der Regierungsgewalt, den sie vorübergehend errungen hatten, nachträglich wieder verloren haben. Denn als Peisistratos emporkam, besassen sie die Rechte nicht mehr, die ihnen nach Damasias zugestanden waren. Vielleicht ist der Grund dieses Rückschrittes darin zu suchen, dass der wohlhabende Handwerker hoffen konnte, ein Landgut zu erwerben und als Grundbesitzer zu den politischen Rechten zu gelangen, von denen er als Handwerker ausgeschlossen war. Wenn auf diese Weise die obere Schicht der Handwerker den Interessen des Standes entfremdet wurde, war die Masse der Ärmeren nicht stark genug, ihr Recht erfolgreich zu verfechten.

Dass an diesen Ansichten vieles hypothetisch ist, muss ich von vorne herein bereitwillig zugeben. Aber die vorstehenden Erörterungen haben hoffentlich mit genügender Deutlichkeit gezeigt, dass Hypothesen durch die neue Quelle nicht ersetzt, vielmehr in verstärktem Masse angeregt werden. Sie liefert nicht in dem anfangs gehofften Umfange unumstössliche Thatsachen, welche an die Stelle der Vermutungen treten könnten. Aber sie ermöglicht es, genauer die Punkte der Ueberlieferung zu erkennen, an denen der Forscher mit Fragen und Vermutungen einzusetzen hat. Und das ist genug in den Augen derer, welchen mit Lessing das unermüdliche Streben nach Wahrheit etwas Schöneres scheint als der behagliche Besitz der Wahrheit. Sicheres Wissen enthält der systematische, leider stark verstümmelte, Teil der Schrift vom Staate der Athener in weit höherem Masse als der historische. Wo der Verfasser die Ordnung der Dinge beschreibt, die zu seiner Zeit bestand, verdient er unbedenklichen Glauben. Durch Rückschlüsse von den späteren Zuständen auf die früheren wird es vielleicht möglich sein, aus diesem Teile für die ältere athenische Geschichte einen Ertrag zu gewinnen, welcher grösser ist als der im historischen Teile gebotene. Aber wollte ich es versuchen, im einzelnen darzulegen, in welcher Weise in der Verfassung des vierten Jahrhunderts die Spuren vergangener Zeiten kenntlich sind, so würde ich die dieser Arbeit gezogenen Grenzen überschreiten.

Nachtrag zu Seite 7.

Dass die Schrift vom Staate der Athener nach dem im Herbst 322 erfolgten Einzuge der Makedonier in Munychia verfasst sei, ist nicht wohl möglich. Denn an der

S. 48 fg. besprochenen Stelle wird die unbeschränkte Demokratie als eine Verfassung gefeiert, die seit dem Sturze der Dreissig ohne Unterbrechung bestanden hat. Nach dem Einzuge der Makedonier in Munychia aber haben die Athener die Demokratie durch Einführung eines Census stark beschränken müssen. Auch der Zeitpunkt, nach dem die Ἀθηναίων πολιτεία entstanden sein muss, lässt sich noch genauer als bisher geschehen, bestimmen. Ammonias konnten die Athener ein Staatsschiff nicht nennen, bevor sie die Gottheit Alexanders officiell anerkannt hatten. Der Beschluss, durch welchen sie die Gottheit Alexanders anerkannten, wurde gefasst, während die Untersuchung über die harpalischen Gelder schwebte (Hyperid. geg. Demosth. 30), also jedenfalls während des Jahres 324 (Schäfer, Demosthenes III[2] S. 324 A. 2), vermutlich nach den olympischen Spielen. Man darf also annehmen, dass die Schrift vom Staate der Athener frühestens im Spätsommer 324 und spätestens im Herbst 322 vollendet ist.

Durch diese Bestimmung der Abfassungszeit gewinnt die S. 52 geäusserte Vermutung, dass der Verfasser zu seinem günstigen Urteile über die athenische Demokratie durch einen Terrorismus der öffentlichen Meinung gebracht ist, an Wahrscheinlichkeit. Die Untersuchung über die harpalischen Gelder fand ihren Abschluss in dem Richterspruch, welcher Demosthenes verurteilte. Dass dieses Urteil nicht etwa ein Erfolg der makedonischen, sondern vielmehr der ultrapatriotischen Partei war, dafür spricht einerseits der Inhalt der erhaltenen Anklagereden, andrerseits die Thatsache, dass zusammen mit Demosthenes der Makedonierfreund Demades verurteilt wurde. Mithin hat der Terrorismus der antimakedonischen Partei, vor welchem nach Alexanders Tode Aristoteles aus Athen weichen musste, schon vor Alexanders Tode begonnen und zwar gerade um die Zeit, zu der frühestens die Schrift vom Staate der Athener verfasst sein kann; er hat gewährt bis zum Einzuge der Makedonier in Munychia, also bis zu einem Ereignis, vor dem aller Wahrscheinlichkeit nach die Abfassung unserer Schrift anzusetzen ist. Folglich hat eben zu der Zeit, da die Schrift entstand, die antimakedonische und ultrademokratische Partei die öffentliche Meinung in Athen terrorisiert.

Unter solchen Verhältnissen konnte auch ein Schriftsteller, der seiner wissenschaftlichen Ansicht nach Aristokrat war, leicht dahin kommen, in das Lob der Demokratie mit einzustimmen. Dass er mit Bewusstsein die Unwahrheit geschrieben habe, ist damit nicht gesagt. Ueberall, wo eine herrschende Partei jede abweichende Ansicht als Ketzerei unterdrückt, ist es eine häufige Erfahrung, dass minder starke und klare Köpfe, was sie der Menge nachreden, für ihre selbständig erworbene Ueberzeugung halten, die sie durch logische Gründe zu rechtfertigen im stande seien. Nur wird man ein so schwächliches Verhalten nicht einem Geiste und Charakter wie Aristoteles zutrauen.